大川隆法
Ryuho Okawa

長谷川慶太郎の霊言

霊界からの未来予言

本霊言は、2019年11月28日、幸福の科学 特別説法堂にて、
公開収録された（写真上・下）。

まえがき

国際エコノミスト長谷川慶太郎氏の帰天《きてん》後約三カ月経ってからの霊言である。長谷川氏は終始、上機嫌《じょうきげん》で、九十一年の人生をある程度「成功」と判断されているようだった。

霊界では、少し若返って、六十～七十歳ぐらいの感じであるが、頭がシャープになっているようだった。生前同様、大胆《だいたん》に意見を言われる。斬《き》れ味は、相変わらず鋭い。

宗教に対する理解や、自分自身の過去世《かこぜ》に関する理解も進んでいるようだった。

生前、長谷川ファンは多かったと思うので、宗教に深い関心のない人でも、面白く読めるのではないかと思う。

二〇二〇年以降の、国際政治・経済・外交・軍事を語る上では、本書は必読書といってよいだろう。

二〇一九年　十一月三十日

幸福《こうふく》の科学《かがく》グループ創始者兼総裁《そうししゃけんそうさい》　大川隆法《おおかわりゅうほう》

長谷川慶太郎の霊言　目次

長谷川慶太郎《はせがわけいたろう》の霊言《れいげん》

——霊界《れいかい》からの未来予言——

二〇一九年十一月二十八日　収録

幸福の科学　特別説法堂《せっぽうどう》にて

「霊言現象《れいげん》」とは、あの世の霊存在の言葉を語り下ろす現象のことをいう。これは高度な悟《さと》りを開いた者に特有のものであり、「霊媒現象《れいばい》」（トランス状態になって意識を失い、霊が一方的にしゃべる現象）とは異なる。

なお、「霊言」は、あくまでも霊人《れいじん》の意見であり、幸福の科学グループとしての見解と矛盾《むじゅん》する内容を含《ふく》む場合がある点、付記しておきたい。

長谷川慶太郎《はせがわけいたろう》の霊言《れいげん》

――霊界《れいかい》からの未来予言――

二〇一九年十一月二十八日　収録

幸福の科学　特別説法堂《せっぽうどう》にて

長谷川慶太郎《はせがわけいたろう》（一九二七～二〇一九）

経済評論家、国際エコノミスト。京都府生まれ。大阪《おおさか》大学工学部冶金《やきん》学科卒業後、金属業界紙の記者や証券アナリスト等を経《へ》て経済評論家となる。「石油危機」の際、船舶《せんぱく》保険のデータからタンカーの運行状況《じょうきょう》をつかみ、「石油不足は起きない」と予測したことなどで知られる。一九七〇年代の末から数多くの著作を発表。軍事評論家としての面も持ち、自衛隊幹部学校等での非常勤講師を三十年以上にわたって務めた。

質問者

綾織次郎《あやおりじろう》（幸福の科学常務理事 兼《けん》 総合誌編集局長 兼「ザ・リバティ」編集長

兼 ＨＳＵ〔ハッピー・サイエンス・ユニバーシティ〕講師）

市川和博《いちかわかずひろ》（幸福の科学専務理事 兼 国際本部長）

吉井利光《よしいとしみつ》（幸福の科学宗務《しゅうむ》本部国際政治局部長）

［質問順。役職は収録時点のもの］

1　印象に残る長谷川《はせがわ》氏の実績の数々

死後三カ月ほどたった長谷川慶太郎《けいたろう》氏の霊《れい》の様子

大川隆法　経済評論家、国際エコノミストの長谷川慶太郎《はせがわけいたろう》先生が亡《な》くなられたのが、本年、二〇一九年の九月三日とのことでした。

何度か、「霊言《れいげん》をしようかな」と思ったのですけれども、最期《さいご》はかなり体も弱られたことであろうから、少し時間をあけたほうがよいと思っていました。

三カ月ほどたちましたので、おそらく、霊的な覚醒《かくせい》というか、すでに肉体的な弱さのところは克服《こくふく》して、霊的に目覚めてきておられるのではないかと思います。

まだ、私たちが求める霊的覚醒、霊的な悟《さと》りまで話せるような時間ではないかもしれませんが、生きていたときとは若干《じゃっかん》の違《ちが》いが出てきているのではないでしょうか。

ご生前には●守護霊《しゅごれい》霊言も出させていただいていますけれども、ご本人の霊言というのは初めてです。ご本人の意見については、毎年、本をたくさん出しておられたので、そういうもので読めることは読めたのですが、あの世に還《かえ》られたらだいぶ違うかもしれないと思っています。

特に、国際問題とか経済問題、政治、軍事等、非常に詳《くわ》しい方なので、もし三カ月で、生きていたときよりも一段高い見識をお持ちになっているようであれば、ありがたいところです。

あるいは、あの世で他の指導霊等と交流されて、違った認識を得ておられる可能性もあるでしょう。

●守護霊霊言……『長谷川慶太郎の守護霊メッセージ』（幸福の科学出版刊）

幸福の科学との縁《えん》の深さについて

大川隆法　幸福の科学に関しては、私も若いころから政治経済等の勉強では、本の上でずいぶんお世話になっていました。また、当会の活動をし始めてからあとは、間接的、直接的に何かとご協力も頂いたのではないかと思います。特に、政治家養成コースであるＨＳ政経塾《せいけいじゅく》等での講師などもお願いしたのではないかと思います。

長谷川慶太郎の「ニューズレター」のようなものは、幸福の科学のなかで読んでいる方もけっこう多かったのではないでしょうか。

経済の動きを細《こま》かく見て当てるところが際立《きわだ》っていた

大川隆法　特徴《とくちょう》としましては、阪大《はんだい》工学部の冶金《やきん》学科を出ていらっしゃるのですけれども、そちらから、金属業界紙の記者をしたり、証券アナリストとして株の分析《ぶんせき》などもしたりして、実際の経済の動きを実に細《こま》かく見て当てるといったところが際《きわ》

● HS政経塾　大川隆法名誉塾長によって創設された、政治家・企業家を輩出するための社会人教育機関。「人生の大学院」として、理想国家建設のための指導者を養成する。

立《だ》っていたように感じます。それから、石油ショックのあたりから、かなり頭角《とうかく》を現してこられたようです。

政治では、時折、大外れも

大川隆法　もっとも、政治では、時折、予想が大外れすることもあったのですけれども、長谷川理論は、「その他の条件が変わらずに適用されれば、こういうふうになるはずだ」ということであり、政治にはいろいろなものが加わってくるので、そういうことはあったかと思います。

例えば、金丸信《かねまるしん》氏の事件があったころ、おそらく次は金丸さんが自民党を率《ひき》いるだろうという感じに言ってみたこともあった気がしますけれども、ああいう事件に巻き込《こ》まれてしまいました。当時、党副総裁や副総理としてよくテレビなどにも出ていたのですが、そのあとは上がらなかったようなこともありました。

日本の関東平野が持つ大きな潜在力《せんざいりょく》を指摘《してき》

大川隆法　私が印象に残ることとしては、最初のころの本になると思いますが、世《せ》間《けん》に知られるのはわりあい遅《おそ》かったほうで、遅咲《ざ》きでした。実際に活躍《かつやく》した時期は私とほんの少ししか違わず、数年しか差はなく、五十代ぐらいから活躍され始めたのです。

例えば、日本が大を成すことに関係し、関東平野の持つ大きな意味や東京湾《わん》の持つ意味などについて説かれたあたりなどには目が開ける思いをしました。この関東圏《けん》に三千万、四千万の人口が集まっていて、ヨーロッパ等であればもう少しで一国になるぐらいの人口が密集していること、そして、東京湾という、横浜《よこはま》も含《ふく》めた大きな港湾都市を持っており、流通がしっかりしていてベストな位置にあるというようなことを言われていました。これは、日本人を勇気づける意味もあったかと思います。

湾岸《わんがん》戦争を開始日の朝に言い当てた

大川隆法　そのほかに印象的なこととしては、父親ブッシュ米大統領のころ、湾岸《わんがん》戦争が始まるときのことです。

私もニューズレターなどを読んでいたのですけれども、確か、長谷川氏が早朝のテレビ番組に出ていて、観《み》ている人はちょっと少なかったかもしれませんが、気合いが入っていて、立ったままで三十分ぐらいいたのではないかと思います。そして、湾岸戦争が起きた日の朝、「本日、昼ごろまでに戦争が始まります」というようなことを言って、テレビ局がワッと大騒《おおさわ》ぎになりました。「外れたらどうするんだ」ということで大騒ぎされたわけですが、普通《ふつう》はそこまで言えることではないところを、本当にその日の昼前に戦争が始まったのです。

軍事アナリストとして見たときには、月の満ち欠け、それから潮の満ち引き等、上陸作戦をするのに都合《つごう》のいい日はいつかと見ていくと、やはり「この日がいい」

というのはあるでしょう。また、砂嵐《すなあらし》が起きたら地上軍の攻撃《こうげき》ができなくなるので、その時期を計算すると「ここしかない」ということで、「攻撃実行日」を言って、ぴったり当てたことには、さすがに驚《おどろ》きました。テレビ局は大騒ぎでしたけれども、本当に当たりました。

自衛隊でも講師として長く教鞭《きょうべん》を執《と》られていたと思いますけれども、軍事だけで見てはいけないのであって、天候から経済や政治、いろいろなものを併《あわ》せて考えないと判断ができないものなのです。

そういうところで、私も、「ああ、なかなか勉強になるな」と思ったことはあります。

「経済のバブル崩壊《ほうかい》」について、「バブルではない」と主張

大川隆法　一方では、経済のバブル崩壊《ほうかい》、バブル経済の破裂《はれつ》のところについては、「これはバブルではないんだ」と一生懸命《いっしょうけんめい》に言い続けておられました。ほかにも保

守系の人が何人か追随《ついずい》していましたし、私も、「バブルエコノミーとして潰《つぶ》すのはやめたほうがいい」ということを、九〇年以降、講演会等では言っていました。

長谷川先生も、『「投機」の時代』といった本にも書いておられるように、「株価などは上がったり下がったりするものであり、行きすぎれば自然に調整機能が働いて下がるものなので、人工的に手を加えてやったらいけないのだ」というお考えだったと思うのです。

三万九千円台まで株価は上がりましたが、「もしそれが行きすぎていると思われるならば、暴落は自然にされていくものなのだから、政府がこれを人工的に暴落させようなどということはしてはいけないのだ」といったことを言われていました。私もそうだと思っていました。ですから、行きすぎたと思って下がれば、上がっていくものなので、人工的に下げるというのはちょっと問題があるなと思っていたのです。

東京の土地の高騰《こうとう》と大蔵省《おおくらしょう》の通達による大暴落のプロセス

大川隆法　当時、大蔵省《おおくらしょう》の土田正顕《つちだまさあき》銀行局長の通達一本でバブル崩壊が始まりました。

それはどういう通達なのかというと、「土地を買うための融資《ゆうし》なら無制限に行う」「土地は値上がりするしかないから、土地担保《たんぽ》であれば幾《いく》らでも貸せる」という感じの融資が流行《はや》っていたため、銀行の融資の総量規制という通達を出したのです。国会で議論した法律ではないので、通達として出しました。

もっとも、国会で議論したところで、おそらくは分からないので同じかとは思います。国会も、新聞記事に書かれたものに引っ張られるから、分かりはしないでしょう。とにかく、銀行局長の通達として、融資の総量規制を行《おこな》ったのです。

それまでは、貸し込みが過ぎていたとしても、土地が値上がりしていき、ひどいときには一年で倍になるほどの地価の暴騰《ぼうとう》があったため、銀行としては担保を百パーセント貸し込んでも別に大丈夫《だいじょうぶ》だったわけです。

普通は担保の七掛けとか八掛《か》けぐらいを限度にしか貸せませんが、先に値上がりするのであれば、例えば、今、一億円の土地に一億円を丸々貸しても構わないし、場合によっては、融資枠《わく》が余っていれば一億二千万円を貸し込んでも構わないことになるでしょう。「家を建てたいのなら、上物《うわもの》代まで貸しますよ」と言うこともできます。

当時、そういうことをしているところがあって、倫理《りんり》に反するという意見がずいぶん強くありました。そして、ほかの人もそれなりに乗っていたとは思うのですけれども、象徴《しょうちょう》的には、東京丸《まる》の内《うち》、山手線《やまのてせん》内側の土地代だけでアメリカの国土が買えるというような話も出てきて、「それはいくら何でもひどすぎるのではないか。これはバブルだ」と言われるようになったのです。

東京の山手線内の土地でアメリカ全土を買えるのであれば、これは日本の経済帝《てい》国《こく》主義が始まるような感じにも見えるでしょう。そのため、アメリカも怖《こわ》がっていました。ソニーがソニー・ピクチャーズをつくって映画業界にも進出したり、マンハッタンの土地を買いあさったりするものがたくさん出始めたので、アメリカのほうも危機感を募《つの》らせたこともあったと思います。

そうしたものも受け、日本政府のほうはバブルを崩壊させるというようなことを考えたのでしょう。

宮澤喜一《みやざわきいち》元首相の「資産倍増」は、なぜ間違《まちが》いか

大川隆法　このことは、別の機会としては、エル・カンターレ祭用に頒布《はんぷ》しているCDのなかでも話をしていると思いますけれども、宮澤喜一《みやざわきいち》氏などは、東京に千五百万円で土地付きの家が買えるようにするという「資産倍増」といったことを言い出しました。

これは昔の池田勇人《いけだはやと》の「所得倍増」のまねのようなものですけれども、例えば、千五百万円で東京に土地付きの一戸建《こ》てが買えるというものです。

●エル・カンターレ祭　毎年12月に行われる、幸福の科学二大祭典の一つ。

アメリカの一戸建ての家を、日本の通貨、日本円で換算《かんさん》すると、千五百万円、あるいは二千万円ぐらいあれば、そうとうな豪邸《ごうてい》が買えました。郊外《こうがい》にかなりの豪邸が買え、地下室まで付いていて、地下でピンポンができるほどの部屋が付いている豪邸が二十万ドル前後で買えたわけです。当時は、大統領の給料もそのくらいだったと思いますけれども、日本では二千万円程度の感じだったと思います。

そのように、千五百万円ぐらいで庶民《しょみん》が家を買えるようにするということであれば、一般《いっぱん》的にはうれしいことでしょう。

ただ、実際に建てるには、地方であっても、それなりにかかるわけです。私の生家などは、土地がほとんどなく、コンクリートの塊《かたまり》だけを建てたのと、親戚《しんせき》の工務店に頼《たの》んで原価ギリギリで建てさせたため、千五百万円もかからずにもう少し安く、数百万円で建てられたものでしたが、普通は、土手の近くのところに建てると、千数百万円、二千万円とかかったものだと思います。

それを東京でやると言ったら喜ぶでしょう。今でも、結果平等を求めたり、「貧富の差をなくせ」という考えの強い人たちがいますけれども、そういう人が見れば、東京に千五百万円で家土地が買えるのであれば、これはうれしいはずです。

しかし、現実には、おそらく、大きな見識の間違《まちが》いはまだあったでしょう。そこまで行くということは、土地代が暴落することを意味します。土地代が暴落するということは、土地を所有している人たちの資産がものすごく減るということを意味します。

それから、銀行の株も暴落することを意味します。また、担保で取っているものの担保価値がなくなるので、銀行の融資体制が総崩《そうくず》れになり、引き揚《あ》げというか、引き剝《は》がしですね。融資していたものを回収しなければいけない時代が来て、会社がバタバタと潰れていく時代が来るのです。

そして、土地に投資したり、マンションに投資したりして、〝にわか成金〟になっていたような人たちはみな、倒産《とうさん》し始める時代が来るわけです。

「政府の無知」「マスコミの無知」「アメリカの意図」からの大崩壊

大川隆法　これは、ある程度、読める人には読めたのです。

しかし、役所の人たちは、株をやらないし、土地やマンションの投機もやっていないので、経済の実態を知りません。当時の大蔵省の人たちもそうですし、特に税務署の人たちもそうです。そのため、倫理観だけで便乗したのだろうと思いますが、それで、結果的には、日本経済の大暴落が始まったのです。

さらに追い討《う》ちとして、アメリカが中国を助けて中国経済を持ち上げ、日本のライバルにしようとしてきましたし、日本に対してはＢＩＳ《ビス》規制をかけてきました。「日本の金融機関等は自己資本比率が四パーセントぐらいしかないが、国際基準から見たら、非常に柔《やわ》な体質で自転車操業をしている。八パーセントは必要だ」というようなことを言ってきたので、九〇年代、日本経済は、あっという間にガタガタに崩されてしまったのです。

ですから、九〇年代の大崩壊は、「政府の無知」と「マスコミの無知」と、それから「アメリカの意図」とが絡《から》んで起きたと思います。

当時、バブル潰《つぶ》しに反対していた識者と大川隆法

大川隆法　このバブル潰《つぶ》しに反対していたのは、私が知っているのは、長谷川慶太郎さん、谷沢永一《たにざわえいいち》さん、渡部昇一《わたなべしょういち》さんあたりです。竹村健一《たけむらけんいち》さんは両方を言っていました。「バブルがやや過ぎているかもしれない」という言い方も少ししていましたが、一方では、「東京の土地代が高いのはよいのではないか。外資にガンガン買われたら困るので、外資の侵入《しんにゅう》を防いでいるところがある。外資でお金を持っているところがガンガン入ってきて買収をかけられたら、外国系の本社がたくさん入ってくる。そうすると、日本経済がやられてしまう恐《おそ》れがある。ところが、土地代が高いので、入ってこれない。これを防いでいる意味での防衛はしている」というようなことも言っていたように思います。

私は、どちらかというと、「全体的には国力が上がってきてアメリカを脅《おびや》かし始めたのは事実だけれども、実体上、国力が強くなってきているので、さらに梃入《てこい》れして実体経済を強くしていくことで、もう一段の飛躍はありうる」と考えていました。

しかし、無為無策《むいむさく》が重なって、崩壊というかたちになっていったのです。これについては、ほかの著書でも多く述べているので、これ以上は言いません。

日本海の持つ意味のすごさを指摘《してき》していた長谷川氏

大川隆法　あとは、長谷川先生の場合、日本海の持つ、海の持っているところの意味のすごさを言っていました。軍事分析をするときに、単に兵力差や武器の差だけで判断してはならないということです。

長谷川先生は、「『中国が攻《せ》めてくる』とか、『北朝鮮《きたちょうせん》が攻めてきたらどうする』とか、『韓国《かんこく》が攻めてきたらどうする』とか、議論はたくさんあるけれども、海があるというのは、すごく大きいのだ。占領《せんりょう》するためには海を渡《わた》らなければいけない。そのためには、艦船《かんせん》がなければいけない。つまり、艦船の輸送力がどれだけあるかを見れば、占領できるかどうかの判定はできる」というようなことを言っておられたのです。

これについては、「サンデープロジェクト」か何かだったと思います。田原総一朗《たはらそういちろう》さんの番組に出て、いろいろな人が議論していたなかで、長谷川慶太郎さんが発言したあと、みな、シーンと黙《だま》ってしまったことがありました。テレビで沈黙《ちんもく》の時間が十秒以上流れるのは非常に具合の悪いことですけれども、みな唖然《あぜん》としてしまったのです。

長谷川慶太郎さんは、「海があるということは、例えば、二十個師団ぐらいに相当する」というように、換算した数字をいろいろとおっしゃっていました。ところが、ほかのエコノミストの人たちや軍事評論家たちはみな、そんなことは考えたことがなかったため、沈黙してしまったわけです。それを観ていて、「ああ、すごいな」と思ったのを覚えています。

2　長谷川氏の未来予言を訊《き》く

五十代で辞書を引きながらロシア語の本を読む緻密《ちみつ》な勉強

大川隆法　こうしたことは、すべて緻密《ちみつ》な勉強の成果であって、ある人の本を読むと、「五十歳《さい》を過ぎた長谷川慶太郎さんは、自分の事務所か何かの前の階段に座《すわ》って、ロシア語の本を広げ、辞書を引きながら読んでいた。ロシアの原材料の動向、値上がり値下がりを読んでいた」というようなことが書いてありました。

そうすれば、その原材料を使ってやっている会社の株価が、そのあとどうなるかが分かるわけです。「こういう努力を五十代でもまだやっていた」というようなことを読んだことがあるので、そうとう細《こま》かいところまで勉強されていたのではないかと思います。

長谷川氏の意見として、未来予言に当たる内容を訊く

大川隆法　こういう方です。百日足らずでは時間がまだ足りないかもしれず、霊界《れいかい》で、もっといろいろなものが見えてきたら、すごいことが分かるのではないかと思いますが、現時点でも、生前よりは、若干《じゃっかん》、高みに上がって見てくださっているのではないでしょうか。そういうことを前提にして、今日は聞いてみようと思います。

特に来年まで生きていたら、言いたいことは何だったのでしょうか。本は出ていますが、実際上、ご本人は言えていませんので、聞いてみたいと思います。

また、幸福の科学も今、国際政治・経済・軍事等の分析《ぶんせき》は、いちおう宗教的なかたちで発信していますけれども、現実の分析が必要なところもありますし、政党（幸福実現党）もあることはありますので、今日は、できるだけいろいろな角度から引き出していただければと思います。

すべて信用し、信じるわけではありません。私のほうの考えもあれば、ほかの指

導霊の考えもありますので、それを合わせた上での判断になります。
今日は、「長谷川慶太郎さんの霊界でのご意見を紹介《しょうかい》するというかたちで、日本の持っているいろいろな問題、あるいは、国際世界の持っているいろいろな問題について、一個でも多く何か引き出そう」という趣旨《しゅし》ですので、よろしくお願いします。

長谷川慶太郎氏の霊《れい》を招霊《しょうれい》する

大川隆法　それでは、あの世に還《かえ》られました長谷川慶太郎先生、どうか幸福の科学に降りたまいて、未来予言に当たる内容等、いろいろと教えてくだされば幸いです。
長谷川慶太郎先生の霊《れい》よ、どうか幸福の科学に降りたまいて、霊言《れいげん》くださいますことをお願いします。

（約十秒間の沈黙《ちんもく》）

3 死後三カ月、霊界《れいかい》で経験したこと、会った霊人《れいじん》

霊界で「ニューズレター」を出そうとしている

長谷川慶太郎　うん。幸福の科学かあ。

綾織　こんにちは。

長谷川慶太郎　うん。君ら変わってるからなあ。ハハ（笑）。

綾織　そういう印象を持たれていますか。

長谷川慶太郎　お互《たが》いだけどな。こっちも、まあ、変わってる。変わって、ヘソが曲がって。

ヘソ曲がりのことばかり言わないとさ、面白《おもしろ》くないしさ、売れないからね。だけど、こちらのほう、責任ないからね。個人責任だけど、君らは組織があるから、組織責任が発生するから、要注意だよ。

私が出任《でまか》せを言う可能性はあるから。そこは気をつけて。受け取り責任があるからね。

綾織　今日は、帰天《きてん》後、九十日ぐらいですけれども。

長谷川慶太郎　いや、これ遅《おそ》かったね。君らにしては遅い。普通《ふつう》は三日目ぐらいに呼ばないといけない。

長谷川慶太郎

綾織　配慮《はいりょ》させていただいて、「クリアにお話しできるときを選んで」ということでございます。

長谷川慶太郎　渡部《わたなべ》先生なんか一日ぐらいで行ったんじゃなかったかなあ。渡部昇《しょう》一《いち》先生とか。なあ。ちょっと、なんか、濃淡《のうたん》が少し感じられるような……。ハハハハハ（笑）。まあ、いいや。うん。うん。

綾織　お話を少しお伺《うかが》いしていると、すごく軽《かろ》やかな印象があります。

長谷川慶太郎　まあ、予想はいっぱい外れたが、地獄《じごく》には堕《お》ちとらんらしいから、ホッとしてる。ホッ。

間違《まちが》ったことを思想家が言うとなあ、地獄へ堕ちるっていうからさ。君ら、〝脅《おど》す〟からさ。

綾織　いえいえ。

長谷川慶太郎　いやあ、どうやら無間《むけん》地獄ではなさそうだ。うん。

綾織　明るい世界でいらっしゃるわけですね。

長谷川慶太郎　うん。まあ、ご機嫌《きげん》よくやってる。まあ、「個人にしては、よう頑《がん》張《ば》った」ということなんじゃないかなあ。

どうせ君なんかは、俺《おれ》がいるあたりに来るんだからさ、仲良くしとこうじゃないか。

綾織　そう願いたいところです。

長谷川慶太郎　たぶん似たようなところに行くだろう。真っ当なねえ、神様や菩薩《ぼさつ》が行く世界に行くはずないじゃないかあ。

綾織　（笑）

長谷川慶太郎　あの世へ行っても、この世に執着《しゅうちゃく》が残ってさ、「経済がどうだ」「軍事がどうだ」「政治がどうだ」と言い、関心を持って記事を書きたい。どうせ「霊界瓦版《れいかいかわらばん》」を書く仕事をするんだろう。俺も「ニューズレター」を出そうと今、考えてるところなんだ。

綾織　そうですか。

長谷川慶太郎　ああ、こっちでね。

綾織　それは素晴《すば》らしいですね。

長谷川慶太郎　きっと似たような仕事だからさ。助手で雇《やと》ってやるからさ。あの世で。

綾織　分かりました。ぜひお願いしたいと思います（笑）。

「一足先に還《かえ》った保守言論人が、一通りは来てくれた」

綾織　この三カ月ぐらい、どのような感じで過ごされたのか、少し紹介《しょうかい》していただきたいなという気持ちがあります。宗教ですので、やはり、「霊界の姿を知りたいな」というのはあります。

長谷川慶太郎　まあ、一足先に還《かえ》った保守の言論人たちは、一通りは来てくれたかな。みんなね。いっぱい死んだね。最近、バタバタバタバタバタバタッと、いっぱい死んで。

綾織　少し、多いぐらいです。

長谷川慶太郎　一通りは来てくれたし、あの世の何年か先輩《せんぱい》として、ああだこうだ、いろいろ言うて帰ったわなあ。

綾織　特に丁寧《ていねい》にアドバイスを頂いた方というのは、どういう方になりますか。

長谷川慶太郎　「丁寧に」っていうほどのことはないけど、「生前言ったことで間違ったことを追及《ついきゅう》されたら、素直に『ごめんなさい』って言うんだぞ」とかいうような、そんなことを何人かから言われたけどなあ。全部当たってるわけじゃないからなあ。

まあ、でも、今は、とっても気分はいいっていうか、愉快《ゆかい》だな。うーん。愉快な感じがする。

死んだあと、最初は、「霊体《れいたい》とは何か」っていう経験をする練習から入ったからさ。肉体から離《はな》れて、死ぬときの体の弱った感じから、再び、なんか霊的なエネルギーが入ってきて、やがて自由に動けるようになって、壁《かべ》の通り抜《ぬ》けから、空がちょっと飛べて、それから、行きたいところに移動できるみたいな……。

「関心を持てば、香港《ホンコン》でもニューヨークでも、どこでもパッと飛んでいって、見る」みたいなことが……。

いちおうねえ、地球レベルの重要点に移動しようと思えば、ちょっと完全自力《じりき》ではまだ無理なんだけども、ガイドする霊人《れいじん》がついてくれれば、まあ、できる。

そのくらいのところまで、この九十何日で、いちおう……、九十日ぐらいかな？　達成してる。うん。

綾織　ガイドしてくださっているのは、守護霊《しゅごれい》さんですか。

長谷川慶太郎　うーん、とは限らないね。自分の目的に合った人が来るんで。政治系や経済系、軍事系、外交系、その他、まあ、いろいろ。だから、外人もいて、生前、知らなかった外人もいる。

キッシンジャー氏の守護霊《しゅごれい》と、将棋《しょうぎ》でも指すように議論

綾織　そのなかで、いちばん導いてくださる人というのは、誰《だれ》か挙げるとすれば、この人というのはあるのでしょうか。

長谷川慶太郎　うーん。まだあっちは死んでないんだけど、キッシンジャー博士の守護霊《しゅごれい》なんかは訪ねてきて、議論はよくしてるんですよ。

で、向こうの考えと私の考えで合ってるところと違ってるところを、なんか将棋《しょうぎ》でも指してるみたいな感じで言って、「これは、こうしたら、こういうふうになって、こうだろうが」って言ったら、「いや、そうじゃなくて、こうなったら、こうなんだよ」みたいな感じの。「あっ、そう。なるほど、そう考えるかあ」みたいな感じの。こんな縁台《えんだい》将棋みたいなのは、よくしに来る感じだね。

●キッシンジャー博士の守護霊……　『米朝会談後に世界はどう動くか　キッシンジャー博士 守護霊インタビュー』（幸福の科学出版刊）参照。

4　国内外情勢の大局を語る

「二十一世紀はデフレの時代」「デフレのままでも発展する方法はある」

綾織　ちょっと、本題に入っていく感じになるんですけれども、この三カ月では、やはり中国問題でしょうか。

長谷川慶太郎　うん、あれは大きいわな。大きいなあ。うーん、それは大きいわ。彼も、親中ではあったけどね。まあ、責任がだいぶかかってはいるからねえ。うーん。

綾織　確かに、中国を、今の大国の状態にまで育てたというか、助けた部分が……。

長谷川慶太郎　あるわね。

綾織　あります。はい。

長谷川慶太郎　あるわね、たぶん。

綾織　それに対して反省が入り、どうするのかという議論をされているわけですね？

長谷川慶太郎　いやあ、私の立場は、「日本がアジアのリーダーになるべきだ」っていう考えなんで。

あとは、これはちょっと、キッシンジャーとは必ずしも一緒《いっしょ》じゃないけども、経済見通しのところで、私は「安倍《あべ》さんがいくら努力したところで、デフレ脱却《だっきゃく》はできない」っていうことを言っているので。「二十一世紀はデフレの時代だ」っていう、生前、言ってた考えは、九十日やそこらではまだ変える気はないんで。デフレが続くことで、いわゆる南北問題とか、貧富の差とか、そういうものがだいぶ解決はされていくんで。まあ、先進国は、ちょっと経済的に苦労はされるだろうけども、「下」のほうは少し上がってきて、「上」が少し下がってくるような感じで、南北格差というか、経済格差も縮んでくるだろうとは思ってるな。

日本はデフレだけどねえ、まあ、「デフレ脱却」って、あんたがたもそう思ってるだろうとは思うけど、デフレのままでも発展する方法はあるから、それも考えろよと。

要するに、「デフレのままでもいい」っていうのは、どういうことかっていうと、金持ちと貧乏人《びんぼうにん》の国内格差も小さくなるわけなんでね。だから、給料も下がるけど、物の値段も下がるわけだからさ。

それなら、安くなれば、何だろう？　「経済活動はそれで不活発になる」とは必ずしも言えないわけで、活発になることも可能なんで。

だから、「デフレだから不況《ふきょう》」「デフレ即《そく》不況だ」と思うから、「消費しない」っていうような考えが回ってるけど、デフレ即不況じゃなくて、「デフレは物の値段が下がる。収入も下がって、ちょっと昔返りはするけれども、昔に返っても物の値段が安くなれば、経済活動の活発化は可能なんだ」っていう考え方もある。

そうすると、発展途上国《とじょうこく》はすごい差があって大変だったのが、まあ、追いついてくる。

こういうのがあってさあ、だんだんインドとかさ、ほかの国も、まあ、発展していくんだとは思うけどねえ。

だから、先進国は、逃《に》げ切れるところは逃げ切ったらいいとは思うが、逃げ切れないところは、まあ、多少、その経済成長はスローダウンしていくだろうなあとは思うがな。

「中国はバブル崩壊《ほうかい》から逃《のが》れることはできない」

長谷川慶太郎　中国の今なんかは、それは日本のバブルの後追いをしてるような気はするから。まあ、おそらく「バブル崩壊《ほうかい》」からは逃《のが》れられることはないだろうね。もう、近いね。習近平《しゅうきんぺい》時代にそれを経験することに、たぶんなるだろう。

いちおう、これとセットにしないと、「軍事問題」が語れないね。

綾織　なるほどですね。

おそらく、長谷川慶太郎さんの守護霊《しゅごれい》だったと思うのですけれども、二〇一四年に「●黒田官兵衛《くろだかんべえ》の霊言《れいげん》」を頂いています。

このときの中国についての予測が、「中国のバブル崩壊で、帝国《ていこく》主義的な行動によって中国は孤立《こりつ》していく。さらには、政治の分野で、内乱みたいになって、内部崩

●黒田官兵衛の霊言　『軍師・黒田官兵衛の霊言』（幸福の科学出版刊）

壊が起きてくる」っていうことでしたが、今、まさに起きているところです。

長谷川慶太郎　うん、かなり近づいてるんじゃないか。当たっていってるじゃない。内乱はもう、今起きつつある。これねえ、共産党政府の威信《いしん》は経済成長だけだから。

綾織　そうですね。

長谷川慶太郎　まあ、今どきねえ、計算主義の共産主義のさあ、計画経済が大成功を収めるなんて、これ、時代錯誤《さくご》もかなり甚《はなは》だしいぐらいで。まあ、一九五〇年代のソ連みたいだよな？　まるでね。

綾織　はい。

長谷川慶太郎　だから、そんなことはないんで。これ、まもなくバブル崩壊。それと、組織的隠蔽《いんぺい》や数字のごまかし等が明らかになるよ。情報操作で、これ、全部押《お》さえてるけど、いずれ破れるよ。

これ、破るのはねえ、「香港《ホンコン》デモ」のそれが飛び火していくものが、各地で起きてくるから、これが、やがて、政府に情報公開を迫《せま》るようになってくる。

あとは「情報の自由を与《あた》えよ」っていう意味で、この情報の公開、情報の自由、要するに、香港で、例えば、民主派が八割を超《こ》える議席数？

綾織　はい。区議選で。

長谷川慶太郎　取ったところで、まあ、今んところ、あれだろう？　メインランドの中国で報道されてないっていう。

こんな十四億の国でねえ、国際社会のなかを生きててねえ、これ、香港でね、民主派が八割超えて勝ったっていうことを報道しないでいられるっていうようなことがねえ。君ねえ、これ、浦島太郎《うらしまたろう》だよ、はっきり言って。こんな国が先進国になるはずは絶対にありえないよ。

こんなところがねえ、人民解放軍が猫《ねこ》を被《かぶ》ってさあ、ソニーみたいなまねしてね、電子機器をつくって売ってても、これは「もう終わり」だよ。きっと終わる。だから、これ、もうもう……。

いやあ、君ねえ、まだほんとに、定年前に面白《おもしろ》いものが見られるよ。君、ラッキーだよ。まだ若かった。五十行ってる？

綾織　そうですね。なっています、はい。

長谷川慶太郎　超えた、超えた？

綾織　はい。

長谷川慶太郎　幾《いく》つぐらい超えた？

綾織　ええと、一つかな？（笑）（会場笑）

長谷川慶太郎　一つ。あっ、大丈夫《だいじょうぶ》だよ、大丈夫だよ。君、現役《げんえき》のうちに書けるぞ。中国大崩壊のビッグニュース、「ザ・リバティ」に書けるから。号外も出せる。

ウイグル弾圧《だんあつ》の情報がリークされているということは、「もう危ない」

綾織　確かに、ウイグルのほうでは、強制収容所のようなところにイスラム教徒を収容し、洗脳教育をするということ自体を、習近平氏が指示をして「容赦《ようしゃ》するな」と言ったというのを全部リークしていると。

長谷川慶太郎　そう。そうそう。すっぱ抜《ぬ》かれてきたのね？　うん、うん。

綾織　習近平氏に反対する勢力がそういう情報を出しているという意味では、共産党の組織内でも、かなり分裂《ぶんれつ》しているという状態ですよね？

長谷川慶太郎　もう危ないね。

だから、あのねえ、ＮＨＫに反対する党？　あれ、日本に要《い》らないからさあ、中国に行ってもらってさあ、中国の一党独裁、情報統制に反対する会を、あっちで立ち上げたらいいよねえ。世界の情報をちゃんと流すような政党をつくったら、いいだろうね。うん、欲《ほ》しいねえ。あれは面白いと思います、うん。

市川　香港のところについて具体的にお訊《き》きしたいのですけれども、今回、区議会議員選挙で八割超《ちょう》の……。

長谷川慶太郎　あっ、大勝利だよ。大勝利だよ。これ、ごまかせない。香港の人は少なくとも知ってるし、香港の近隣《きんりん》の中国南部の人は、これは分かるよ、それは（笑）。いくら情報統制したって、こんなの、人の行き来があるんだから、分かるに決まってるじゃない。

だから、噂《うわさ》……、口コミね？　もともとは壁《かべ》新聞だから、中国なんて。壁新聞で世論《せろん》が動いたあれだから、ちょっと後《おく》れ……。もう、回覧板と変わらないよ。よりもっと落ちるかな。壁新聞を見に来て動くぐらいだから。口コミで動いていくから。ちょっと遅《おそ》いけどね。でも、まあ、一カ月以内には、中国全土には情報は行き渡《わた》ると思うよ。

そうすると、年間十万件ぐらいあった暴動を、ずーっと情報統制して押さえ込《こ》んできたけど、これらが、いわゆる、今、言ってるウイグルやチベットや内モンゴル、香港だけでなくて、いろんなところでいっぱい勃発《ぼっぱつ》しているものが、一斉《いっせい》に火を噴《ふ》き始めるね。

大勝利だよ。この八割強を取ったっていうのはねえ、これはすごいよ。これは台《たい》湾《わん》にとっても追い風だし、中国のあの侵略《しんりゃく》計画？　これは大きなブレーキがかかったね。うーん。これは大きいよ。

西洋諸国はみんな知ってるからねえ。ヨーロッパまで取っていこうとしてるぐらいなんで、中国は。「こんな危険な国なんだ」と。

要するに、「習近平が現代のヒットラーなんだ」というところまでレッテルを貼《は》られたら、もはや一緒に組みたいところはなくなっていくから、彼の一帯一路《いったいいちろ》から全部崩壊してくるよ。これ、バババババーッと一斉に崩壊してくるから。あっという間に昔話になるよ。

香港《ホンコン》革命から中国崩壊へ、さらに北朝鮮《きたちょうせん》を潰《つぶ》す効果に

長谷川慶太郎　まあ、やってることは、今まで、毛沢東《もうたくとう》革命、大躍進《だいやくしん》政策、文化大革命、もう、みんな失敗ばっかりなのよ。

鄧小平《とうしょうへい》だけが、この資本主義化に一部成功して、金儲《かねもう》けできる人をつくったっていうところはあるけど、政治はそのまんまにして、そっちだけやるっていうのが……。

要するに、情報を得られなきゃ経済の自由が得られない。情報の自由を与《あた》えたら、政治だけは別にマルクス主義で固定して、経済だけ自由にするっていうことはできなくなる。これを無理しながら、そうとう強制力を働かせてやってきたんだけど、これが、まあ、もうすぐ外れるわな。

吉井　この中国国内の政治的な内乱の広がり方についてなのですが、まさに香港《ホンコン》の

区議選での民主派の勝利で、さらなる広がりを見せようとしています。

長谷川先生はご生前に、中国人民解放軍も、実は、各軍区でそれぞれ一枚岩《いちまいいわ》ではないというご指摘《してき》もありましたが、こうした内乱の広がりは、軍部とも連動しながら、今の中国という一国がだんだんと各地で割れていくようなかたちにつながっていくのでしょうか。


長谷川慶太郎　まあ、少なくとも、「経済成長神話」は崩壊させなきゃいけないだろうね。これが崩壊することが……。

要するに、これが彼らの御本尊《ごほんぞん》みたいに、今はなってるから。ほかはないんで。これが崩壊する。

「豊かさの平等」なんてねえ、実現したためしがないんでね（笑）。「全員が大金持ち」っていうのは、それ、インフレだよ。だから、紙切れみたいな給料をいっぱいもらってる。全員が大金持ちの状態っていうのは、これだから。「はい、君たち、幸福の科学の職員はみんな、一人一億円、給料をあげよう」とかなったら、これ、この一億円の値打ちはかなり下がるよ。たぶんね。

一億円稼《かせ》ぐ人は、それはそうとうな……。何て言うの？　事業的成功を収めて一億円儲けるのは、よろしい。あるいは、難しい投機を切り抜けて儲けるのはよろしい。希少価値があるから儲かるのであって、それが「正しい資本主義社会」なんです。

みんなが一億円で、豊かさの平等があるっていったら、これはもう、南米風の完全インフレ世界だわな。だから、ありえない。現実にはありえないことなんで。一部の政治家が後ろ盾《だて》をしているような、まあ、財閥《ざいばつ》みたいなところはいっぱい儲かったとは思うけど。裏でね、全部、賄賂《わいろ》としてキックバックして、政治家、政治資金とかにいろいろ変わっていってるからね。このへんが全部明かされて、人民裁判がやがて始まることになると思うよ。

だから、今、羽振《はぶ》りのいい人たちは、みんな吊《つ》るされる恐《おそ》れがあるね。

市川　こういうときに、隣国の北朝鮮《きたちょうせん》の未来については……。

長谷川慶太郎　あっ、ない。もうない。中国が壊《こわ》れたらない。もうない。だから、取引の九十パーセント以上は中国なんだから。中国が壊れて北朝鮮なんかあるわけがないので。

まあ、これは戦わずして勝てる可能性が非常に強まったね。香港、頑張《がんば》ったね。香港、頑張ったよ、うーん。香港の革命は、北朝鮮を潰《つぶ》す効果がある。うん。

ある種の天才・トランプ大統領が見通していること

吉井　中国経済の打撃《だげき》になりうる今後の動きとして、アメリカのトランプ大統領との米中貿易戦争の行方《ゆくえ》も気になるところですが、この点についてはどのような見通しをお持ちなのでしょうか。

長谷川慶太郎　いやあ、トランプさんは、やっぱり「ある種の天才」だわなあ。よく分かっとるわなあ。

だから、中国の軍事も強化してるけどね、あれがほんとに世界ナンバーワンの軍事大国になった場合、軍事力が経済力の担保《たんぽ》になることを、トランプさんは知ってるんだよ。

ほんとに中国にはどこの国も勝てないとなったら、彼らがやる経済侵略、止められなくなってくるんだよな。

今、経済で、お金、貸し込んでるよね？　一帯一路で。スリランカだ、ネパールだ、あるいはギリシャだ、イタリアだ、いっぱい貸し込んでる。そして、金が返せなくなったら、力ずくで国ごと取っていく。こういうシステムだよね？

これが、世界最強の軍事力で、誰《だれ》もこれに反抗《はんこう》できないとなったら、それ、現実に実現してしまう可能性は高いんだよ。

だから、アメリカのトランプさんは、それにいち早く気がついて、「アメリカ・ファースト」って言ってるけど。これを、ローマ法王から、ほかのリベラル派、左《さ》翼《よく》系はみんな批判してるけど、そうじゃないんだよ。賢《かしこ》いんだよ、頭が。こちらがいいんで。

アメリカ・ファーストで、要するに、経済的復興をなして、国力を上げることで、これ、軍事力も強くしようとしているので。

だからね、他国に依存《いぞん》しなくても、要するに、インディペンデントだよな？　アメリカが、アメリカ独自で経済成長を続けていける豊かな国になっていけば……。貿易でもうほとんど取られてしまっているから。担保みたいに取られているような状態。日本なんかはそうだよな。

そういう状態であったら戦争はできないけれども、あれは戦争ができる状態をつくろうとしてるのよ。

だから、中国がナンバーワンになる前に、アメリカの軍事力が強大なうちにアメリカ経済を立て直して、「アメリカは、別に中国なんかどうなろうがやっていけますよ」という経済状況をつくろうとしてる。中国との取引額が一番になってたと思うんだけど、これは中国との取引額がゼロになっても、アメリカは生き残れると。経済的に不況になって、みんなが失業するような状態でない状態まで持っていこうとしてるのよ。そうすると、もう、中国なんか怖《こわ》くないので。だから、あれは中国が軍事的にナンバーワンになる前に、それをやらなきゃいけないんで。

まさしく救世主だな。アメリカ合衆国にとっては。

マスコミの大部分は、それは分からないよ。頭、そんなによくないもん。

5　ローマ法王来日をどう見るか

長谷川氏の霊《れい》が「黙《だま》ってなさい」と言う理由

長谷川慶太郎　ほかの人たちも分かんない。

ローマ法王に至ってはねえ、「私は橋をつくる。トランプは壁《かべ》をつくる」みたいな感じで言ってるけれども、もう、頭、よっぽどよくない。低いんだって。ほんとにＩＱが半分しかないんだから、これ、黙《だま》ってなさいって。トランプさんがやってることの意味、まったく分かってないんだよ。

うん。今はビジネスで成功するって、ものすごい知能が必要なんだよ。

君たちは宗教だから、君たちが傷つくことを言っちゃいけないけれども。君たちは特別だよ。特別に総合的な、先進的な宗教だから、まあ、いろんなことを勉強なされてるから、君たちは違《ちが》うと思うが、一般《いっぱん》の宗教は、日本の宗教も含《ふく》めてね、政治や経済について言っちゃいけないんだよ。間違うから。すごい知能が後《おく》れてるから、世間的《せけん》に見て。もっと古い時代だから。何百年前の宗教、二千年前、二千五百年前の宗教が、今の政治・経済について意見を言ったら、昔のその仏典《ぶってん》とか『聖《せい》書《しょ》』に則《のっと》ってやったら、これ、全部間違うに決まってるじゃないですか。ね？

綾織　意見を言われたという意味では、ローマ法王が、このたび日本にいらっしゃって、長崎《ながさき》、広島で……。

長谷川慶太郎　頭の悪いの、一発で分かっちゃったねえ、あれだけ。

綾織　（笑）

長谷川慶太郎　日本の記者も、まあ、その意味では〝すごい〟と思うんだよ。いやあ、あっちも頭悪いんだけどね。

偉《えら》い人が来たと思って一生懸命《いっしょうけんめい》に〝吸い付いて〟さあ、ぶら下がって情報を取って取ってして、バカであることがバレてしまった、ローマ法王が。言わなきゃいいのに。もうちょっとこう、ミサだけやってサッと帰れば、全然分からなかったのに。ぶら下がって、いっぱい訊《き》いて。飛行機まで同乗して訊くからさあ、答えちゃうじゃないねえ？「偉い人だと思ってくれてるらしいから、言わないかん」と思って答えるじゃん？でも、ほんとに、まあ、何にも知らないっていうか、国際音《おん》痴《ち》？政治音痴？経済音痴？

それから、日本についても何も分かってない。中国についても分かってない。アメリカについても分かってない。もうバレバレだよ。全部バレてしまったわ。うん。まあ、だから、今、それをそのまま伝えてるのは、東京新聞とか、そんなようなところでしょ？

綾織　はい。

長谷川慶太郎　どうせね。共産党の代わりになるっていうの、バチカンが。これがバレてしまったな。バチカンの思想をそのまま持ってくると、ほとんど共産党になってしまうと。

綾織　ああ……。そうですね。

「バチカンは、基本的には民主主義を認めていない」

長谷川慶太郎　でね、バチカン市国はねえ、民主主義を認めてないんだよ、基本的には。あれはねえ、ほんとに、まあ、神が上にいるけれども、あとはもう、ヒエラルキーでねえ、教会の制度で、ヒエラルキーがあって、「そのとおり聞け」って言うんだけど、中国と別に変わらない。神が上にいるかいないかだけ。

綾織　なるほど。

長谷川慶太郎　だけど、ローマ法王は神の言葉を聞けない。祈《いの》っても神が聞いてるかどうかが分からない。

君たちがやる〝意地悪〟は、次はこれだろうと思うけど。イエスは、ローマ法王のをどう見たかっていうのをやったら、すごい嫌《いや》がらせになるから。やるかどうかは知らんけどさ。

祈りは届いてないと思うよ、おそらくね。

綾織　そうですね。

長谷川慶太郎　だから、基本的な体質は似てるんで。いちばん弱いと見て、日本に来たんだよ。

弱いけど影響力《えいきょうりょく》があると見て、日本に来て。日本なら、リベラルなことをいくらでも言っても受け入れてくれて、拡散してくれるから、それがほかに行くと思って。日本で反発されないで済むと見て、日本を攻《せ》めに来たんだよ。

本当は、北京《ペキン》に行ったりアメリカに行ったりして言わなきゃいけないけど、行ったって、猛反発《もうはんぱつ》を受けてやられてしまうから。

ローマ法王は、香港《ホンコン》問題からも逃《に》げた

長谷川慶太郎　香港《ホンコン》問題を何も言わずに逃《に》げただろ？

綾織　そうですね。

長谷川慶太郎　ね？　ずるいのがよく見えてるだろう。本当の狙《ねら》いは違うんだよ。日本に来て、カトリックは公称《こうしょう》四十四万人しか信者がいない。こんなところで言ったところで、影響力なんかありゃしねえんだよ。四十四万人だから、これなら、投票したら二十万票は入らないのはねえ……、君たちの幸福実現党より、キリスト教のほうが弱いのが分かってしまうからね。もっと弱いから。票は少なくなるから。

だから、四十四万人のカトリック教徒が問題じゃないんで。これは〝通路〟であってねえ、これを経由して、ほかの国に発信してるわけよ。

で、裏交渉《うらこうしょう》してって、中国に有利なことを日本で言ってね。そして、中国の〝隠《かく》れキリシタン〟たち？　地下に潜《もぐ》ってる一億人のキリスト教徒たちの身の安全と、司教、司祭たちの安全を保証しろということを、裏交渉してるんで、あれで。

香港のキャリー・ラムだって、カトリックのはずだから、命令したらいいんで。

綾織　そうですね。はい。

長谷川慶太郎　「ローマ法王の、神の意見を聞くのか、それとも習近平《シージンピン》のを聞くのか」って言えばいいんだけど、言いやしない。そんなことは言えないのね。弱いよ。本当は弱いんだよ。だけど、弱い日本を狙って、情報拡散を狙ってる。

法王の言うことをきいたら、日本は占領《せんりょう》される

長谷川慶太郎　日本の原子力発電を止め、ね？　完全な安全性が認められるまで止めて、原子力爆弾《ばくだん》とかもつくってはいけない。で、核《かく》を落とされた日本こそ、そういう「平和の使徒」になるべきで、一切《いっさい》やっちゃいけない。それから、武器をつくることも、これもテロに当たるみたいなことで。

これは、「日本〝丸裸《まるはだか》〟計画」で、共産党とバチカンが、もう一体化してるとしか思えないよねえ。

綾織　なるほど。そうですね……。

長谷川慶太郎　うん、うん。だから、日本はそのままで行けば、自動的に、北朝鮮《きたちょうせん》でも中国にでも、無血開城で占領《せんりょう》される。ローマ法王の言うことをきいたら、占領されるということだな。

「左翼票《さよくひょう》にもなると思って、法王を『おもてなし』」

長谷川慶太郎　さすがに、菅官房長官《すがかんぼうちょうかん》は、「アメリカの核の抑止力《よくしりょく》を維持《いじ》するという考え方は変わりません」って、一言《ひとこと》言ったけど、安倍《あべ》さんは、もう、おもてなしの〝営業マン〟だからさあ。もう何でもいいから票になると思って、「キリスト教系の票にでもなればいい」「左翼《さよく》の票まで取れるかもしらん」と思って、ご接待だよな？

ちょこっとつぶやく程度ぐらいしか言わないからさ。だいたいそれだよ。知ってて、向こうも来てる。

ただ、知ってて来てるけども、欧米諸国《おうべい》から見たら、このバチカンの没落《ぼつらく》っていうのは、もう、はっきり見て取れた。

綾織　ああ。なるほど。没落なんですね。

長谷川慶太郎　うん、没落。力がない。もはや。本当は北京に言わなきゃいけないことが言えなくて、香港に言わなきゃいけないことが言えなくて、日本に行って、愚痴《ぐち》を言って帰った。それは分かる。

綾織　ああ、愚痴なんですね（笑）。

長谷川慶太郎　愚痴ですよ、あれは（笑）。ただの愚痴ですよ。

綾織　なるほど……。分かりました。

長谷川慶太郎　皇居より小さい国ですから。愚痴なんですよ。

綾織　確かにそうですよね。

長谷川慶太郎　それが全智全能《ぜんちぜんのう》のふりをしたって、本当は何も分かってないことがバレてきた。

綾織　なるほど。

6　霊界《れいかい》で「認識が変わった」点とは

生前よりも頭の斬《き》れ味が増している理由

綾織　ここまでお伺《うかが》いしてきて、少し言い方は難しいのですけれども、地上にいらっしゃったときよりも、斬《き》れ味は増しているなという……。

長谷川慶太郎　そう。脳のねえ、疲《つか》れが取れた。

綾織　あっ、そうですか（笑）。

長谷川慶太郎　やっぱり、九十一歳《さい》っていうのは、ちょっと脳に疲れが出とったからさ。

綾織　確かにそうです。

長谷川慶太郎　それが今はないし。やっぱり、三カ月だけどさ、ちょっと、気分は、どうかなあ……。まあ、六、七十ぐらいのところまで、頭のシャープさが戻《もど》ってきてるねえ。

綾織　ああ、だんだん若返って。

長谷川慶太郎　うん。まあ、ずっと若いところまで行ってないけど、六、七十ぐらいまでは、頭の回転が戻ってきた。

霊界《れいかい》にある「経済展望台」「政治展望台」「軍事展望台」

綾織　地上で世界を見られる感覚と、天上界《てんじょうかい》から見られる感覚というのは、どういう違《ちが》いがあるのでしょうか。

長谷川慶太郎　いちおうな、展望台みたいなのがあるんだよ。君らは分からないだろうけどさ、よく、スカイラインへ行って見晴らしのいいところに行ったら、駐車《ちゅうしゃ》してさあ、そして、百円玉入れてさあ。こうしたら景色が見える、街が見える、あれだよ。展望台があるんだよ、いちおう。

綾織　ほう。

長谷川慶太郎　まあ、人によるから、ちょっと、ほかの人はどうかは知らんけど、私みたいに関心がある人間にとっては、展望台みたいなのがあってね。「経済展望台」、「政治展望台」、「軍事展望台」とか、そういうのがあって、そこに行って見たら、地上の景色が見えながら、四コママンガみたいに、いろんな指導者がつぶやいてることとか、いろんなものが、言葉が出てきてね。

綾織　おお、おお。

長谷川慶太郎　そのあと、それが、ちょっと、何て言うか、小劇場の演劇みたいにストーリーが見えるんだよ。だから、ちょっと不思議だねえ。

綾織　ほおー。

長谷川慶太郎　君たちのＣＧ社会みたいな感じだけど、あの世の展望台から覗《のぞ》けば見えるんだよね。
これ、天狗《てんぐ》さんの遠眼鏡《とおめがね》とは、たぶん違うんだと……。

綾織　天狗……（笑）。

長谷川慶太郎　一緒《いっしょ》かなあ。違うと思うんだけどなあ、たぶん。

綾織　天狗ではないですね（笑）。

長谷川慶太郎　天狗の遠眼鏡とは違うと思うんだけど。

綾織　（笑）

郵便はがき

料金受取人払郵便

赤坂局承認

7468

差出有効期間
2021年10月
31日まで
(切手不要)

1078790

112

東京都港区赤坂2丁目10−8
幸福の科学出版(株)
愛読者アンケート係 行

フリガナ お名前	男・女	歳
ご住所 〒 都道府県		
お電話 (　　　　)　　　　—		
e-mail アドレス		
ご職業 ①会社員 ②会社役員 ③経営者 ④公務員 ⑤教員・研究者 ⑥自営業 ⑦主婦 ⑧学生 ⑨パート・アルバイト ⑩他 (　　　　)		
今後、弊社の新刊案内などをお送りしてもよろしいですか? (はい・いいえ)		

愛読者プレゼント☆アンケート

『長谷川慶太郎の霊言』のご購読ありがとうございました。
今後の参考とさせていただきますので、下記の質問にお答えください。
抽選で幸福の科学出版の書籍・雑誌をプレゼント致します。
（発表は発送をもってかえさせていただきます）

1 本書をどのようにお知りになりましたか？

① 新聞広告を見て ［新聞名：　　　　　　　　　　　　　　］
② ネット広告を見て［ウェブサイト名：　　　　　　　　　　　］
③ 書店で見て　④ ネット書店で見て　⑤ 幸福の科学出版のウェブサイト
⑥ 人に勧められて　⑦ 幸福の科学の小冊子　⑧ 月刊「ザ・リバティ」
⑨ 月刊「アー・ユー・ハッピー?」　⑩ ラジオ番組「天使のモーニングコール」
⑪ その他（　　　　　　　　　　　　　　　　　　　　）

2 本書をお読みになったご感想をお書きください。

3 今後読みたいテーマなどがありましたら、お書きください。

ご感想を匿名にて広告等に掲載させていただくことがございます。ご記入いただきました個人情報については、同意なく他の目的で使用することはございません。

ご協力ありがとうございました！

長谷川慶太郎　私、昔の天狗の遠眼鏡は知らねえから、分かんないんだけど、まあ、現代的なものだけどねえ。

この三カ月で認識が変わったこと

綾織　特に、この三カ月で、何か認識が変わられたようなことはありますか。

長谷川慶太郎　いやあ、まあ、お世辞が半分入ってるけれども、「これからの三十年は、大川隆法さんの時代だ」っていうことは、もう、確信したね。うん、確信したね。

綾織　そうですか。

長谷川慶太郎　そういう意味では、今はまだ、認められないとか、十分に影響力《えいきょうりょく》がないとか悩《なや》んでると思うけど、いやあ、将来を見渡《みわた》せば、圧勝になるよ。これ、また、香港《ホンコン》の選挙じゃないけど、八割以上の支持を集められるようになるんじゃないかなあ。

7　日本の皇室は、どう見えるか

「令和になって、終わりを感じる」理由

長谷川慶太郎　今回、令和の時代になってね。天皇の御代《みよ》が替《か》わって、いろいろ、古色蒼然《こしょくそうぜん》とした儀式《ぎしき》をやって、雅子《まさこ》さんがかわいそうな、何と言うか、十二単《じゅうにひとえ》で何かやっておられたようだけど、すごい「終わり」を感じるんだよなあ。

綾織　終わりですか。

長谷川慶太郎　終わりを感じるねえ。

これは、もう、百人一首《ひゃくにんいっしゅ》の世界のような感じだよねえ。だから、平安時代ぐらい

かなあ。

これは、もはや、何か……。うーん……、まあ、エリザベス女王、イギリスとか、ローマ教皇とかも、厳しい戦いを、今、やってるところだろうけど、日本も、外国から見るとね、明治維新《いしん》が起きて、ちょんまげした日本の侍《さむらい》が、刀を差して、アメリカの西海岸に上陸したような感じ？　あんなふうなかたちで、世界に発信されたのよ。

あれで尊敬してると思ってるなら、大間違《おおまちが》いだよ。あの十二単を着てねえ、オープンカーで伊勢神宮《いせじんぐう》のところを走ってるなんていうの、もう、君ねえ、あれ、腹を抱《かか》えてテキサスの人でも笑ってるからねえ。

うん。それが分かるかどうか。「ハーバード出たんだって」って言って笑ってるからさあ。このねえ、時代認識っていうか、ズレ。

だから、「まだ、日本の政治の中枢《ちゅうすう》部は、明治維新が終わってなかった」ということがバレちゃった。

皇室がやること、一挙手一投足《いっきょしゅいっとうそく》が「非常に危険」な理由

長谷川慶太郎　いや、これは、まあ、日本の週刊誌等もうるさいけど、これから、皇室がやること一挙手一投足《いっきょしゅいっとうそく》、非常に危険な時代に入ったね。

やっぱり、まずはねえ、神は「隠身《かくりみ》」って言ってね、隠すところから始まるんで。見せてしまうと、バレてしまうところがあるんで。厳《おごそ》かに、見せないようにすることで、その伝統は護《まも》れるんで、それで伝統的なものは生き残れる。見せたら、それは中国と同じことが起きるんだよ、現実は。

「二十二世紀には皇室はない」「皇居は取られるのでは」と長谷川氏発言

綾織　これまでのお話をお伺《うかが》いしていて、「幸福の科学に対する理解が変わった」ということと、天皇の……。

長谷川慶太郎　いや、もう終わったね。二十二世紀にはないね、皇室は。たぶん、ああいうかたちではないね、少なくとも。

別のかたちで残ることはありえると思うけど。いわゆる、今度は、本当に外に出ないかたちで、グーッと引っ込《こ》んで、この文化・伝承を護るっていうスタイル？　ある意味では、伊勢神宮の出張所みたいなかたちで残ることはできるが、皇居は取られるんじゃないかな。

綾織　なるほど。取られる……。

長谷川慶太郎　東京都内にあれだけ広大な土地？　狸《たぬき》の生息？　「狸の生態について」って、狸のフンの仕方を、上皇様が天皇のときに調べたが、それだけであれだけの土地を持ってるっちゅうのは。

今、お墓《はか》を一生懸命《いっしょうけんめい》に潰《つぶ》してるでしょう？

東京のお墓を潰して、マンションを建ててるけど、お墓はそのうちなくなってくるからさあ（笑）。皇居は大きいよな。

綾織　あっ、そのために使うのですか（笑）。

長谷川慶太郎　そらそうだよ。だって、あそこを開発したら、ものすごい富が生まれるよ。

綾織　ああ、そうですか（笑）。なるほど。

長谷川慶太郎　ものすごい富だよ。あれを開発してごらんなさいよ。すごいよ。今のね、政府の借金も返せちゃうかもしれない。

綾織　ああ、なるほど（笑）。そういうことですね。

長谷川慶太郎　うん。千百兆円だろう？

あれは開発。皇居丸ごと全部開発できますから。あのお城さえ壊《こわ》せば。お城っていったって、古い江戸《えど》城ですからね。あれを全部、開発計画して、ドリームランド、ドリーム都市にしてしまって、あすこを「未来都市」に変えてしまえば、千百兆円、一気に返済は可能ですよ。

綾織　確かに、稼《かせ》げますね（笑）。

長谷川慶太郎　稼げる。それこそ、ドバイ風にさあ、もう一キロぐらいの高さのビルだって建てられるよ、あそこだったら。ええ。可能です。

綾織　ただ、これはちょっと、幸福の科学からは発信できない案なんですけれども（笑）。

長谷川慶太郎　いや、怖《こわ》いかもしれないよ。これは、あくまでも、長谷川慶太郎が霊人《れいじん》になって三カ月の意見であって、もしかしたら、一年たったら、信仰《しんこう》が篤《あつ》くなって、「やっぱり、皇祖の神々に対する不敬は相成《あいな》らんことと、よく分かりました」と。「これ以上言い続けるようだと、舌を引っこ抜《ぬ》いて、閻魔《えんま》様のもとに送るって言われました」と言ったら、意見を変える。

　まあ、ときどき呼んでよ。な？　意見が変わるかもしらんから。

綾織　はい。ありがとうございます。

長谷川慶太郎　ただ、三カ月たって、今、思いつくのは、要するに、展望台から見るかぎり、あの皇居はもったいないよなあ。

綾織　（笑）

長谷川慶太郎　あすこを開発したらすごいしさあ。パレスホテルとか、いろいろあるけどさあ、帝国《ていこく》ホテルとか、あれも、皇居を覗《のぞ》けない程度の高さにしなきゃいけないというので、高さ制限まで、いちおう遠慮《えんりょ》してるよな。

綾織　そうですね。

長谷川慶太郎　あそこで、ものすごい高いのを建てられたら、たまらないだろう。

綾織　なるほど。周りも同時に開発できるということになるわけですね。

長谷川慶太郎　ねえ？　テニスもできなければさあ、乗馬だってそんなに楽じゃないし、散歩も、それはできないしねえ。でしょう？　いや、あすこは狙《ねら》われるね、どう見ても。

それが、日本経済を復興させる、あれになる可能性がある。

だって、京都御所《ごしょ》はあるもん。現実に。

「京都御所《ごしょ》でも別にいいのではないか」「天上界《てんじょうかい》、言いたい放題」

長谷川慶太郎　だから、京都御所《ごしょ》でも別にいけるのよ。上皇と二つつくって、次、これねえ、「二つがもったいない」って言う。上皇と天皇がほぼ同じぐらいの暮らしをしてるから。

だって、赤坂《あかさか》御所から通えるんでしょう？　通勤できるんでしょう？　ねえ？

だけど、次は、その仕事の見直しまで始まる可能性があるんで。

綾織　ああー、なるほど。

長谷川慶太郎　宮内庁《くないちょう》に千人いたらねえ、京都御所を護れますよ。うん、うん。それは、会津藩《あいづはん》の代わりにやれば、できるわ。京都御所はすでにあるからね。お堀《ほり》がないからとか言ってるけど、現代の防衛はお堀じゃないからね。もうちょっと違うもので、防衛は可能だから。電子的なもので防衛可能だから。

まあ、これは私個人であって、幸福の科学の責任ではありませんけどもね。私は処罰《しょばつ》できませんから、今。あの世に還《かえ》っておりますので。ええ。家内を引っぱたくとか、そんなのがいろいろ出てきたり、家族をどうこうするとか言われても、それは中国じゃないからね。日本はそんなことはできないからね。

まあ、天上界《てんじょうかい》、言いたい放題。そのほうがいいでしょう。

綾織　なるほど。

8　この経済問題は、こう見る

デフレや電子化で人が要《い》らなくなる――例えば、楽天《らくてん》の未来

綾織　では、経済の話題が出ましたので、もし、何かそのあたりの質問を。

長谷川慶太郎　うん。何か専門家はいるのかなあ。

吉井　日本経済のこれからについてですが、全体的にデフレ基調が続くなかで、日本として、これからの時代を先取りするテクノロジーについて、これと言った決め手がないような状況《じょうきょう》です。消費税が十パーセントという環境《かんきょう》下で、どのようなかたちで日本経済の道筋《みちすじ》を見いだせばよいのでしょうか。

長谷川慶太郎　いやあねえ、やってることは、みんなデフレに向かってますよ。コンピュータの普及《ふきゅう》？　インターネット？　ロボット？　みんなデフレですよ。

だって、人が要《い》らなくなる方向にどんどん進んで、コストカットしようとしてるんだろうけどね？　コストカットとは何かっていうと、人件費カットだよ、ほとんどは。そういう、機械化することで人件費を減らそうとしている。

だから、デフレになるのは確実じゃない、どう見たって。

ロボットを売ったり、コンピュータを売ったりしてるインターネット関連の会社は、しばらくは儲《もう》かるけども、その人たちでさえ、なかにいる人が要らなくなる、やがて。証券取引所で売り買いする人がいなくなったように、彼らも人が要らなくなって、そうした、例えば、楽天《らくてん》みたいな仕事でも、今は従業員がいるけど、次は要らなくなる。全部、機械がやってくれるようになるから、要らなくなってくる。

ということになりますと、給料を下げてでも雇《やと》ってもらう流れが出てくるよね。

まあ、移民問題もあるけど、移民よりも先に、その機械化の促進《そくしん》のほうが進めば、そちらのほうが給与《きゅうよ》カットをしてくれる。

そして、「機械化が進むこと」「給料カット」と同時に、品物の、あるいは、製品の生産コストが安くなることを、これは意味しているから。物は安くなり、給料は下がる。今、起きてる状況はもっと続いていって、はっきりしてくるっていうことを、これは意味してるね。

幸福の科学出版の本の売れ方への感想と苦言

長谷川慶太郎　さあ、これを切り抜《ぬ》ける方法を、幸福の科学は提案できるかできないか。幸福実現党は提案できるかどうか。

これを私がしゃべると、ほかの政党に取られるから、言わないほうがいいのではないかとは思うんだがな。はっきり言うと、まずい。

綾織　そうですね、最終的にカットする可能性も考えつつ……。

長谷川慶太郎　ああ、そういう手を使うか。うーん。

市川　ヒントだけでも……。

長谷川慶太郎　まあ、でも、君のところの出版社は努力してるからね、社長が売らないように。

綾織　いえいえ。

長谷川慶太郎　だから、長谷川慶太郎の霊言《れいげん》なんか、こんなもんは、まあ、一万部売れたらいいほうでしょう。「どうせ、嘘八百《うそはっぴゃく》を並べてる」と思って。

一万人以上に行かないとして見たら、幸福の科学の会員が九千部買って、一般《いっぱん》の人が読むのは千部ぐらいだから、千人ぐらいの人が読んでも、まあ、大した影響《えいきょう》はないかもしれない。

綾織　今後は、『大局を読む』のシリーズがなくなりますので、その明確なニーズはありますね。

長谷川慶太郎　霊言になったら、もっと部数は落ちるでしょう、おそらくは。

綾織　いいえ。やはり、内容次第《しだい》ですよね。

長谷川慶太郎　いや、なんか、君のところは、本を出しすぎてるからさ、読もうかと思ったら、次の本が出るからさ。それを読もうかと思ったら、次の本が出るんで。

だから、もう、積《つ》ん読《どく》だけになって、みんな、だんだんあれだから。

あのねえ、買って九十日したらね、粉々になって消滅《しょうめつ》する本を開発したらいいよ。そしたら出せるから。九十日以内に読まないと、情報が消えてしまうんだから。そういう本をつくりなさい。

綾織　（笑）なるほど。

長谷川慶太郎　それを出版社長に言って、これは三カ月、私も三カ月だけど、「三カ月以内に読まないと、この本は、エコのために完全に土に還《かえ》ります」っていう本をつくるといいよ。うん。

綾織　なるほど。新しいですね（笑）。

長谷川慶太郎　アイデアだろう？　本がずっとあり続けるから、出し続けても、今、置き場がなくて困ってる。

「日本は人権思想が二十年後《おく》れている」理由

綾織　今後の仕事の部分ですけれども、いわゆる未来産業だと思うのですが。

長谷川慶太郎　うん、うん、うん、うん。

綾織　長谷川先生は、「日本の部品とか、素材とかの強さはナンバーワンで、負けない。今後も、この強さは続いていく」といったことを言われていました。

長谷川慶太郎　うん。それはそうだ。

綾織　一方で、「産業として、新しいものをつくっていく」という部分も大事になると思うのですが、その点については、どのように考えられますか。

長谷川慶太郎　ああ、もう、このへんについては、「日本は欧米《おうべい》諸国に比べて、人権思想が二十年後《おく》れてる」という言い方があるわな?

君たちも、幸福実現党、幸福の科学も問題にしている、例えば、ウイグル自治区の、何て言うか、強制キャンプで監視《かんし》されてる、ね? 監視されてるけども、そのカメラには、ソニーとシャープの製品が使われてるっていうのを、先日、東京新聞がすっぱ抜いとったわな。

これは何かっていうと、経済に倫理《りんり》が求められることを言ってるわけだ。

だから、君たちが、「習近平《しゅうきんぺい》の指示によってウイグルの弾圧《だんあつ》がなされてる」って言って、「そのお先棒を担《かつ》いでるのは日本の会社だ」っていうことになったら、製品をつくって、「それをどう使うかについて、私たちはまったく関係ございません」

っていうのが許されない時代が来るっていうことだわな。

それは、日本製のカメラは性能がよかろうよ。いろんな部品も性能がよかろう。な？

ただ、その目的に、それがかかってくるからね。

中国貿易、対中国輸出を広げようと、安倍《あべ》さんはまだ思ってると思うけど、やっぱり、これは、〝抑制《よくせい》ドライブ〟がかかってくると見たほうがいいと思うよ。人権弾圧に使われるカメラ製品や、そうした機械化の促進で、いくら輸出しても、これは非難を受けることに、まもなく、なるな。

第二次産業レベルの仕事は、世界中にいくらでもある

綾織　そうなると、世界でも、日本はビジネスができなくなってくるという流れができてしまうということですか。

長谷川慶太郎　いや、そんなことはないよ。まださあ、もっと前の、第二次産業レベルの仕事は、世界中にいっくらでもあるんだよ。

アフリカの砂漠《さばく》を緑地化して、野菜とか、穀物が取れるようにすることとかから始まって、インドはトイレの普及がだいぶ進んだと言うけど、トイレがないところも、まだいっぱいあるわけよ。

ソーラーパネルなんか、こんなもんは、日本にするべきじゃなくて、むしろ、アフリカとかさ、インドとかにこそ必要なもので。そんなの、電線が引けないようなところにこそソーラーパネルなんてのはやるべきところですね。

ソフトバンク・孫正義《そんまさよし》氏に〝騙《だま》されて〟、政府が進めるクリーンエネルギー

長谷川慶太郎　日本でソーラーパネルなんて、孫正義《そんまさよし》の、ああいう政商に騙《だま》されて、国からいっぱい補助金を取りまくって。国が、エコの、共産党まがいのリベラルが一生懸命《いっしょうけんめい》、巻き上げてる議論に乗じて、そちらの票を取ったろうとして、「クリー

ンエネルギー促進」「原子力はいかん」とか言ってやって、太陽光パネルを言ってるけど。まあ、孫正義のところに、がっぽり取られてると思うよ、おそらく。

でも、どうせ、〝食い逃《に》げ〟で、巨大《きょだい》な十六兆円の借金を抱《かか》えて、やがて倒産《とうさん》するのはもう分かってるから。

いや、あのホラに気をつけたほうがいいよ。モンゴルだとかさ、ゴビ砂漠とかにさあ、太陽光パネルをいっぱい敷《し》いて、ケーブルを引いて、それから、日本海の底にケーブルを引いて、日本に電力を供給するって。

こんなねえ、中国の外側にあるモンゴルとか、ゴビ砂漠なんかで太陽光発電した電気がね、中国を通ってさ、日本海を通ってね、日本に来ると思うか？

ええ？　こんなのねえ、「敵対行為《こうい》だ」「戦争だ」って言ったら、一発でこれを壊《こわ》しにかかってくるに決まってるじゃない。電気なんか、すぐ止まる。駄目《だめ》。

電気っていうのは、やっぱりね、防衛が大事なんで。自分のところで発電の機能を持ってなければ、よその国から送ってくれる、まあ、今、ドイツがそうだけどね？　フランスは原子力発電をいっぱいやってますよ。ドイツは「クリーンエネルギー」って言って、原子力発電をやってないけど、フランスで原子力発電でつくった電気をドイツが買ってるだけだからね。

なんでそうしてるかっていうと、ドイツに原子力発電をやらせたら、それは、いずれ原爆《げんばく》、水爆につながっていって、ドイツの軍隊が原子爆弾を持つと、怖《こわ》いわねえ。でしょ？

そういうために、持たさないために、フランスからやってるけど、フランスで原子力発電でつくった電気をいっぱいドイツに送ってるんなら、一緒《いっしょ》じゃない、ほんとはね。だけど、これは、いざというときはドイツの生命線を断《た》つ目的があるわけよ。

これをフランスが送電しなければ、ドイツは、工業があっという間に廃《すた》れていくから。まあ、一部、風力発電、水力発電とか、ほかのも持ってるけどね。ドイツもやってるけど、太陽光パネルもやってるけど。

しかし、ＥＵナンバーワンの経済力は、絶対ガクンと下がるわな。
で、日本も同じことを狙《ねら》われてるから。
日本が強くなるのを怖がってる国は、まだ潜在的《せんざい》にはあるんだよ。ヨーロッパも本当は敵だし、中国も敵だし、ロシアも、まあ、プーチンはどう思ってるかは知らんが、潜在的には脅威《きょうい》は感じている。

原発の選択肢《せんたくし》は絶対に残せ――戦争で止められる恐《おそ》れのあるものは自前で

長谷川慶太郎　まあ、そういうことを考えるとねえ……、何の話をしてたんかな。あれ？

吉井　未来産業や電力についてのお話でした。

長谷川慶太郎　ああ、未来産業ね。うん、うん。

その、エネルギーの供給ね、まあ、もちろん、石油も、石炭も、原子力も、天然ガスも、いっぱいあるし、安くて大量に入れられるものならあってもいいが、もし、戦争とか軍事紛争《ふんそう》によって供給が止められて、日本を弱体化させるための武器に使われる恐《おそ》れがあるなら、なるべく自前でつくれるもののほうが有力なんで、やっぱり、原子力発電の選択肢《せんたくし》は、絶対、残さないと駄目。

ローマ法王が帰ったら、即《そく》、東北電力が女川《おながわ》原発の二号機の再稼働《さいかどう》を言ったけど、正しい。持ってないと、いざというとき……。だって、石油だって、まあ、石炭はもう駄目だけど、石油も天然ガスも、止まるかもしれないんだから。

あちらのほうのは、まあ、湾岸《わんがん》からのやつは、中国との関係もあったり、イスラム教国関係で、もし、欧米が戦争を起こしてくれたら、入ってこなくなる可能性はあるし、アメリカだって、まあ、政治的に揺《ゆ》さぶりを使いますからねえ。

アメリカから石油をもらうだとか、ガスをもらうだとか、いろいろ言ってても、それだって、ねえ？　いろんな交渉《こうしょう》に使われるかもしれないよね。「もうちょっとアメリカの牛肉を買え」とかさあ、「オレンジを買え」とか、「とうもろこしを買え」とか。

「遺伝子組み換《か》えのとうもろこしを食ったら、人体に変化でも起きると思ってるのは、『X－メン』の見すぎだ。アメリカ人が食べて何にも変化がないのを、おまえらに変化があるわけねえだろうが。体が大きくなるぐらいだったら、むしろ喜べ」っていうような感じで、たぶん揺さぶるからさあ、向こうも。

だから、いちおうエネルギーに関しては、ちょっと、自給率を高めなきゃいけないし、食糧《しょくりょう》も、場合によってはね、まあ、安けりゃあ外国から買ってもいいけども、場合によっては、自分たちで生き延びれるように、産業構造を数年のうちに変えられるぐらいの余力は持っておいたほうがいいな。

9　未来の戦争形態・産業は、こうなる

今までの武器ではないもので「バランス・オブ・パワー」の時代

綾織　「未来産業」のところなのですが、特に、天上界《てんじょうかい》にお還《かえ》りになって以降、新しく発見したようなことというのは、何かありますでしょうか。

長谷川慶太郎　まあ、ちょっと、私も年やから、勉強は十分できなかったんやけど、「次は、戦争の形態が変わるかもしれない」っていうことだよな。

だから、今の戦争は、もう、人工衛星を通じてでなきゃできない戦争になってるから。人工衛星とコンピュータなくしてはできない戦争に、もうなってるんで。人工衛星とコンピュータがなかったら、ミサイルも飛ばない時代にもうなってます。

そういう意味においては、ここのところで、もし、十年の時差をつけることができれば、覇者《はしゃ》になれる可能性は高い。その意味では、まだアメリカも進んでるし、中国も、まあ、人民解放軍が、全力を投入して、民間会社のふりして、武器開発と思って、やってるところはあるんで。

まあ、日本も、防衛のほうで、ミサイルを落とすの、「PAC《パック》-3《スリー》」だけじゃなくて、いよいよ、電磁パルス防衛を考えてはいるようだけど、まだまだ遅《おそ》いところはあるわな。

だから、軍事兵器を、要するに、今までの武器じゃないもので、防衛や、あるいは、何と言うか、「バランス・オブ・パワー」が実現できる時代が来てるっていうことを知らなきゃいけないわね。

まあ、競争をすごくしてるけどね。ただ、その新しい戦争のかたちはちょっと違《ちが》ったものになるから。本当に、電気を使ったものになっていくのは間違いないので。

霊界《れいかい》に行ってから見識が広がり、宇宙人や宗教についても語るように

長谷川慶太郎　これだと、まあ、君ら的な意見で言やあ、宇宙人も絡《から》んでくるけど。宇宙人には電子機器のほうを完全に操作できることも、昔から言われてるからね。あらゆる電子機器が狂《くる》ってくるんでね、ＵＦＯとかと接近遭遇《そうぐう》した場合とかは。彼らは、もう一歩、進んだ技術をたぶん持っているから、未来産業としては、宇宙テクノロジーを盗《ぬす》む必要はあるな。

もし、お友達がいるんだったらさあ、何かちょっと盗まないと。盗むっていうか、教えていただかないといけないわな。

宇宙のテクノロジーだったら、アメリカにもまだ、中国にも負けやしないと思うから。それを持っておれば、防衛的にもいいし、たぶん、エネルギー上もいいだろうと思う。

綾織　今回、長谷川先生が天上界《てんじょうかい》に還られてから初めて、オピニオン、見方をお伺《うかが》いしているのですが、いちばん変化したところは、宗教について語られるようになったということと、宇宙人について語られているということで……。

長谷川慶太郎　いや、見識が広がっとるのよ、見識が。見識がねえ。それに、私に対する期待も、まあ、高まってる。

綾織　あっ、期待が。ほお。

長谷川慶太郎　うん。もう一段、高い視野から意見が提言できるんじゃないかな。

綾織　ああ、なるほど。

長谷川慶太郎　君たちが、古い坊《ぼう》さんとか呼んだってさ、もう役に立たないじゃない、はっきり、正直言って。

それは申し訳ないけど、申し訳ないけど、戒律《かいりつ》をつくってたような時代の人たちを呼んだって、駄目《だめ》なんだよ。かわいそうだけど、やっぱり、フランシスコ法王を見たら、もう分かるじゃない。もう、かわいそうでならないから。

まあ、それはそれとして、新しい宗教のかたちとして、未来性を持ってるのは幸福の科学しか、今ないから。

何でも入るんだろ、ここは。

綾織　そうですね。

長谷川慶太郎　何でも吸収してくるからさ。そういう、スポンジみたいな宗教だからさ。宗教のかたちを借りて、そういう未来産業のヒントを埋《う》め込《こ》んでいけば、まだまだ、世界のリーダーとしては発展可能だし。

今、日本に霊界《れいかい》パワー・高級霊たちの力が集まっている

長谷川慶太郎　まあ、まだ、あんまり詳《くわ》しくはないんだけども、霊界《れいかい》の常識としては、日本に向けて、今、霊界のパワーっていうかなあ、あるいは、そういう高級霊たちの力っていうかなあ、それが集まってきている。

巨大《きょだい》な磁石が、今、あるので、集まってきてるので、面白《おもしろ》ーい創世記が始まるような予感がしてるので、私も何か、一枚嚙《か》めないかなあと思って、今、ちょっと考えてるんだけどねえ。

綾織　ああ、なるほど。ありがとうございます。

長谷川慶太郎　経済も、今までの経済は、もう古くなるから、新しい経済をつくら

なきゃいけないし。

10　中東とEUの未来

中東は、この数年で危機が高まる

市川　中東のことについて、少しお訊《き》きしたいのですけれども。

長谷川慶太郎　ああ。ああ、いいよ。

市川　イランでは、ガソリンの値段が上がったりして、デモが起きたり、イスラエルでは、ネタニヤフ首相が、収賄《しゅうわい》、背任等で起訴《きそ》されておりますけれども、「中東の未来」については、どのようにお考えでしょうか。

長谷川慶太郎　まあ、長さによるけどね。どのくらいまでの未来をご所望《しょもう》かによって、長さによって、ちょっと意見は変わる……。

市川　もし、ここ数年ぐらいであれば……。

長谷川慶太郎　ああ、ここ数年なら、危機が高まるだろうな、やっぱりなあ。それは間違《まちが》いなく、覇権《はけん》戦争を代理してるし、もともとは、まあ、でも、今、アメリカがちょっと変わろうとしてるから、少し変わるかもしれないけど。

まだ、アメリカのなかに、「9・11」のな、二〇〇一年「9・11」のイスラムテロがすごい刷り込《こ》まれてるんで。今世紀中はイスラムテロとの戦いだっていう刷り込みが、そうとうあるんで。

だから、そういう、イスラム教国は、基本的には、テロの供給源と思ってるので、そのなかで、イスラムのなかの覇権国家になろうとする国に対しては、極《きわ》めて厳しい目で見てるわな。

そういう意味では、まあ、イラクはああいうふうになったから、イランとかが次のスーパーパワーの可能性があるんで。本当は、そんなにイスラエルを愛してるわけじゃないと思うんだけど、牽制《けんせい》させて、中東のなかだけで牽制させて、潰《つぶ》し合わせる状況《じょうきょう》にしとけば、アメリカが直接やらんでも済むようになる。

軍事経済学を知っているトランプ氏の対中東・ＥＵ戦略

長谷川慶太郎　やっぱり、トランプさんはねえ、まあ、「軍事」もある程度分かってるけど、ただ、「軍事の経済学」も知ってるから、〝コストマイズ〟していくことは大事だという。アメリカの若者をいっぱい送って死なせて、それから、一機百五十億とかもするようなジェット戦闘機《せんとうき》をいっぱい撃墜《げきつい》されたりするのは、やっぱり、経済的に合わないことはよく知ってるから。

だから、中東のなかだけで、なるべく戦争させたいと思ってる、彼は。

吉井　そうしますと、中東のなかで争いはあったとしても……。

長谷川慶太郎　……は近いうちにあるな。

吉井　ああ。ただ、「それは局所的なもの」ということですね？

長谷川慶太郎　うーん……、いやあ、トランプさんもねえ、イスラエルを持ち上げてさあ、ネタニヤフを持ち上げてたけど、ゴラン高原とかを取らせたりしてさあ、挑発《ちょうはつ》してるよな。

やっぱり、イスラム教国が腹が立つようなことを、わざとやってるもんな。あれは、けっこう、何て言うんだろう……、「漁夫《ぎょふ》の利《り》」ってあったじゃない？　なあ？「何か、こう、戦わせといて、ほかの者が利を得る」っていうのがあったから。

だから、利益としては、イスラエルに武器を売って、アメリカは利益を得られるわなあ。その代わり、中東で戦争が起きれば、それは、イランも弱るし、イスラエルもかなり弱るのは、確実に弱る。

だけど、中東で戦争が起きたら、難民がいっぱい出てくる。その難民は、直接、アメリカには来ないで、みんな、ヨーロッパを目指して移動し始める。ヨーロッパの貧困化はもっと進むわなあ、当然。

たぶん、EUを潰す気があるから、トランプさんは。EUは潰す気だろう。だから、イギリスに独立を勧《すす》めてる、一生懸命《いっしょうけんめい》ね。イギリスに独立を勧めて、「それから、アメリカと一緒《いっしょ》にやろうか」と。だから、「イギリスとアメリカと日本ぐらいで世界を回していこうと思ってるんだ」と思うよ。

ロシアは、国是《こくぜ》にもよるけどね、どうするか。まあ、中国が先だけどね。「中国」と「EU」、この両方を弱らせる気はあるので。この中東の火種を拡大して、そして、石油が出なくなるから。これは、ＥＵも困るし、もう、中国もほんとはとっても困るな。そういう経済、工業力のところにそうとう影響《えいきょう》が出るので。

イギリスを強くし、大英帝国《ていこく》の旧植民地を中心とした発展を考えている

長谷川慶太郎　だから、ＣＯ2の問題だっていろいろ言ってるけど、中国がいちばん悪い国なんだろうから、ほんとはな。そこに対して制裁ができないでいるような状態だからね。

まあ、そんなことを考えてると思うので、おそらく、「中東で金儲《かねもう》けをしつつ、紛争《ふんそう》は中東でやらせて、難民をヨーロッパに送り込んで、ヨーロッパのほうの〝地《じ》盤沈下《ばんちんか》〟をもうちょっと起こして、やっぱり、フランスやドイツの発言力を低下させ、イギリスとはもうちょっと関係を深くして、イギリスをもう少し強くする、強化する」ということかなあ。

かつ、それで、かつて、七つの海を支配したときの大英帝国《ていこく》の旧植民地を中心にして、もう一段の、産業と経済の発展を考えてると思います。
だから、「アングロサクソンによる世界制覇」だね。……をまだ続ける、ということだな。

綾織　ジョンソン首相も、その流れに乗っていくということですか。

長谷川慶太郎　そうそうそうそう。それで、ジョンソンであろうが誰《だれ》であろうが、EUから離《はな》れれば、イギリスは、もう、アメリカともっと緊密《きんみつ》になる以外になく、アメリカはイギリスを使って、彼らの旧植民地の制圧を、もう一回考えていくだろうね。
その戦略のなかには、オーストラリアやインドとかも、当然入っていると思うけどねえ。で、アフリカに対しては、イギリスの影響力をもう一段強めつつ、フランスの影響力とかを抑《おさ》えていく方向に行くだろうね、きっとね。

カナダも巻き込《こ》んでアメリカ中心の世界経済・世界政治へ

吉井　そうしますと、今、イギリスはブレグジット（イギリスのＥＵ離脱《りだつ》）に向かおうとしていますが、ドイツやフランスをはじめとするヨーロッパ諸国も、「ＥＵから抜《ぬ》けていきたい」というＥＵ懐疑《かいぎ》派の政党が台頭しています。この流れは、今後も続いていくということなのでしょうか。

長谷川慶太郎　正しいんじゃないの？　ＥＵは、もう、ほんとに衆愚政《しゅうぐせい》だよ。あるいは、もうちょっと理論的にできて、「旧ソ連邦《れんぽう》の共産党の衛星国みたいなのが、ドイツを中心に、もう一回できようとしてる」としか見えないねえ。あっちも国が二十幾《いく》つもくっついたから、国ごとの貧富の差が気になるわね。

イタリアなんかさあ、もう、中国に狙《ねら》われてるけどね。ギリシャもイタリアも狙われているけどさ。まあ、日本から見りゃあ、もう、三十年は後《おく》れてる国ですからね。

こういう国とか……、まあ、カナダはねえ、今、気合いを入れに行ったらしいけど、最近な。

カナダも、あれだけの大きな国で、資源を持ちながら、力は中流国のままだよな。これも、フランスの影響力を少し削《そ》ぎ落とす必要はあるわな。

そして、やっぱり、アメリカやイギリスと緊密にやっていく以外、生き延びる道はないとすれば、日本の二十六倍からの面積になり、資源の豊富なカナダが、三千七、八百万人しか人口はいないんだ。これ、まだ、一億や二億、人口を吸い込《こ》む力はあるもんなあ。

だから、アメリカを中心とする世界経済・世界政治を築くために、ここに、もう一段の、自分たちの巨大《きょだい》な州をつくる可能性はあるわねえ、事実上のね。

●カナダはねえ……　2019年10月6日、大川隆法総裁は、カナダ・トロントのザ ウェスティン ハーバー キャッスル トロントにて、“The Reason We Are Here”と題し、英語講演および質疑応答を行った。『いま求められる世界正義』(幸福の科学出版刊)参照。

11　長谷川慶太郎氏の勉強法・鍛錬法《たんれんほう》を伝授

自分の頭がどの程度かを認識し、その上で必要なものを

綾織　最後に、ぜひ、若い方から、勉強法や仕事の部分についての質問を。

吉井　霊言《れいげん》前の大川総裁の冒頭《ぼうとう》解説で「長谷川慶太郎先生は、五十代になっても、ロシア語の本を、辞書を引きながら研究されていた」というエピソードの紹介がありました。

長谷川先生は、そのような人生における本物の〝基礎《きそ》工事〟といいますか、緻密《ちみつ》な勉強・鍛錬《たんれん》を続けるなかで羽ばたいていかれたのだと思いますが、どのような勉強法を取られていたのでしょうか。後進へのアドバイスを頂けましたら幸いです。

長谷川慶太郎　それはさあ、人間、生まれつき、頭の差ね、「上・中・下」ぐらいはあるさ。もっと細《こま》かく言えば、「上の上、上の中、上の下、中の上・中・下、下の上・中・下」の九段階ぐらいあるかもしらんけども、大まかに言やあ、「上・中・下」ぐらいだわな。

だから、そらあ、「自分の頭がどの程度か」っていうことは、ある程度は認識したほうがいいと思うけども。まあ、基礎力としてね、そういう高度な学習に、ある程度、可能性があるぐらいの範囲《はんい》内に、もし入っておればね……。

いやあ、幸福の科学の職員とかは、みんな、そのなかに入ってる人たちだと思うけどね、たぶん。最上級の情報に接して、それを吸収・学習できるぐらいのレベルを持ってる方がほとんどだと思うけどね。

まあ、そういう人であれば、あとはねえ、もう、何て言うかなあ……、やっぱり、そうだねえ、「毎日の努力の量」×「熱意」×「年数」だな。もう、これがほとんんど。宗教的に言うなら、それに「志《こころざし》」が入るわなあ。「志」×「熱意」×「一日の努力量」×「年数」。これが、やっぱり、トータルの生産量を決めるね。

一つの専門を掘《ほ》り込《こ》んで、次の専門へ

長谷川慶太郎　私も何百冊も本を出したし、いろんなジャンルにも斬《き》り込《こ》んでいきましたけどね。阪大《はんだい》の工学部の冶金《やきん》学科から始まって、経済エコノミストや国際評論家みたいになったり、軍事についてもやったり、ちょっとずつ広げていってやっていった。

この方式は、すでに、君たちは、大川隆法総裁から学んでると思うよ。だから、同じなんだよ。ああいう一つの専門をまずは掘《ほ》り込んでね、やっぱり、「プロフェッショナル」っていうか、仕事としてお金が取れるぐらいのレベルまで掘り込む必要はある。何かについてね。

それ自身が、自分の経済を支えてインディペンデントにする道をつくると同時に、

君たちの自信の源《みなもと》になるからさ。「それを一定のレベルまで掘り込んだ」っていうことは、自信の源になるんで。

このあと、だんだんに、それをやってるうちに楽になってくるわけね。最初の三年、五年、十年は勉強が大変で、すごく重いけど、これは、だんだん、だんだん、楽にやっていける。自転車を最初に乗るときは難しいけど、慣れたら、もうねえ、考えずに、自転車の運転ぐらいできるだろう。

そういうふうに、最初に精通した学問から来るほうの仕事を楽にできるように、いちおう志すことだよね。そしたら、そうできてきた隙間《すきま》で次のものを耕し始める。それを三年ぐらいやるとだいたい見えてき始めて、五年目ぐらいになると使えるようになって、十年たったら、それは、また、プロフェッショナルの域に行く。

やっぱり、こういうふうなかたちで、新幹線を順番に走らせていくようにね、世界を広げていくことが大事。

●サクセス　幸福の科学による信仰教育機関である仏法真理塾《ぶっぽうしんりじゅく》「サクセスNo.1」のこと。信仰教育・徳育にウエイトを置きつつ、学力養成にも力を注いでいる。

幸福の科学の職員も成長が必要

長谷川慶太郎　君たちの総裁が、そういうことをやってるからさあ、君たち弟子《でし》が、そのうちの一部を見ている。見ているので、気をつけないと、弟子同士のさあ、お互《たが》いの見解の相違《そうい》による争いによって足を引っ張り合って、発展しないこともありえると思うけどさ。いや、そういう成長は、弟子にも必要だと思うよ。

例えば、英語を勉強することが、英語の教材をつくることになって、君たちのサクセスや、あるいは、幸福の科学学園やHSUをつくる力にもなったと同時に、国際伝道のほうの戦力増強になったり、実際に、国際伝道の力にはなってはいるわね。

日本語で専門を掘《ほ》り、次には英語を

長谷川慶太郎　まあ、能力に限界があるから、「何もかもやれ」とは言わないけど

●HSU　ハッピー・サイエンス・ユニバーシティ。2015年4月に開学した日本発の本格私学。「幸福の探究と新文明の創造」を建学の精神とし、「人間幸福学部」「経営成功学部」「未来産業学部」「未来創造学部」の4学部からなる。千葉県長生村《ちょうせいむら》と東京都江東区《こうとう》にキャンパスがある。

も、少なくとも、君たちに言いたいことは、まずは、やっぱり、日本語で何か自分の専門のところについて、話したり書いたりして、「先生」といわれるレベルぐらいの仕事ができることは必要ですよ。

それは、政治であれ、経済であれ、外交であれ、軍事であれ、宗教であれ、哲学《てつがく》思想であれ、何でもいいけどね。日本語でまず仕事ができるレベルは行かないと、外国語ではそこまで行かないからね。

まずそれがあって、あと、次は、国際語にいちばん近いのは英語は英語だろうからねえ、やっぱり、「英語を使い込める」っていうことは、すごく有力なことだろうな。これは、世界が広がるし、二重国籍《こくせき》になるのとほとんど一緒《いっしょ》だよね。

だから、「日本人でありながらアメリカ人でもある」というような感じになるから、視野が広がるし、教養も増えるし、やっぱり、世界への関心が増えてくるよなあ。そして、その今持ってる関心、先進国に対する関心が、同時に、これから来る発展途上《とじょう》国がやるべきことを教えられる力にもなってくるからね。

これからは「日本語」と「英語」が世界の主要言語になってくる

長谷川慶太郎　だから、たぶん、これからは、「日本語」と「英語」と両方、世界の主要言語になってくると思うよ。

特に、アジア圏《けん》の人たちは、日本語をもう一回勉強すべきだね。それは非常に大事で、大東亜《だいとうあ》共栄圏でね、成功しなかったかもしれないけど、もし成功してたら、アジア圏の人たちは、日本語は、みんな、しゃべって読んで書けるようになってるはずなんで。

もしそうだったら、彼らは、今よりもっと豊かになってる、絶対に。「大東亜共栄圏」という言い方をしたら、左翼《さよく》系のほうから猛攻《もうこう》を受けるだろうけど、もし成功していたら、アジアの国がもっと豊かになっているのは確実です。

ヨーロッパも、普遍《ふへん》的な人権を教えているけれども、少なくとも、自分たちの植民地的な帝国《ていこく》主義では、要するに、白人以外の人権は認めてはなかったわな。これは、はっきり言えるよな。

日本人の場合は、やっぱり、「日本人以外は人間でない」とは言わない。白人だって尊重はするけども、有色人種に対しても仏性《ぶっしょう》を認める立場だからね。だから、アジアの人たちにも、日本語が使えたら、たぶん、発展・成功への道は与《あた》えたと思うんで、もっと、アジアは豊かになってた。日本が勝ってたらね。

アジア諸国には、防衛の観点からも日本語学習の推進を

長谷川慶太郎　さらに、そうだね、「防衛」の観点から言っても、やっぱり……、今、台湾《たいわん》では、もう、日本語をかつて習った人たちは年取ってねえ、八十以上にならないと、よく分からない人たちが増えてるけど。
防衛の観点から言っても、台湾とか香港《ホンコン》とかもそうだし、それから、広がっていくところ、中国のなかで、そうした香港化していくところが出ると思うけど、日本語学習をしっかりしたほうがいいよ。

だから、逆に、台湾なんかで、北京語《ペキンご》を一生懸命《いっしょうけんめい》、みんな、しゃべって習ってるけど、それは、もう、吸収合併《がっぺい》しやすいようにしてるだけだから。もともとは台湾語があって、台湾語だけでも方言だからすごく分かりにくいのに、北京語が通じるようになれば、これは吸収合併を狙《ねら》ってやってるんで。

いやあ、むしろ、台湾の人なんかは……、まあ、香港の人は、英語はまだできるけども、やっぱり、英語や日本語がもうちょっと使えて、できたら、「公用語」か「準公用語」ぐらいまで持っていけるようにしたほうがいいね。

インドも発展したかったらねえ、英語はちょっと訛《なま》ってる英語だけど、使えるけど、日本語のやつを、もうちょっと増やしたほうがいいよ。インドは、やっぱり、日本語を勉強すべきだよ。見習うべきはねえ、彼らを百五十年搾取《さくしゅ》したヨーロッパではなくて、やっぱり、日本だと思うよ。だから、日本語教育をアジア圏に広げていくことは大事。

中国がね、孔子《こうし》学院をつくってさ、外国にいっぱい出してるでしょう?　カナダなんかでも問題になってるよね。

だから、中国語を教えてくれる。それで、中国・北京政府の補助金付きでさあ、タダで、何か、語学学校みたいのを開いてくれたら、うれしいから、みんな、最初は、「オッケー、オッケー」して行くけど、それは占領《せんりょう》していくための方策だからね。まあ、そういうことを……、孔子学院を、あっちは〝輸出〟してるけど。

日本のほうも、やっぱりねえ、それは、アフリカ・アジアの国も含《ふく》めてねえ、幸福の科学の日本語教科書をテキストにするような、そういうボランティア組織をつくってねえ、「タダで日本語が学べるぞ」って言って。

それで、「学んで、道徳も上がり、犯罪が減り、そして、工業力も上がり、経済力も上がる。そういう道があるぞ」って言って、日本語をもうちょっと教えていくことをすれば、アジアやアフリカ圏が、この日本の……、要するに、かつての大英帝国じゃないけど、日本圏に入ってくるので。

目指すは日米二極で世界を引っ張っていく方向へ

長谷川慶太郎　日本は先の大戦で負けたけど、それ自体が全部間違《まちが》ってるわけじゃないんで。彼ら、差別されてた国々にとっては、日本っていうのは非常に有力な救世主だと思うよ。日本ぐらいの発展をすれば、アジア・アフリカの国たちは、なかなか結構なんじゃないかね。

フィリピンだって英語は通じるけど。だけど、アメリカみたいに豊かにはなってないわね。悪いほうが入ってるね。犯罪、人殺しは多いわ、麻薬《まやく》は溢《あふ》れるわ、もう、マフィアみたいなのがいっぱいでしょう？　タイも、そういうところはあるけどね。だから、もし日本圏になってたらねえ、たぶん、犯罪率は減って、麻薬なんかあんなに流行《はや》らずに、もっと豊かになってたと思う。

だから、目指すべきは、「アメリカ」と「日本」。日本も、もうちょっと力を持って、やっぱり、この二極で世界の未来を引っ張っていく方向に持っていって。

12　中国のナチス化を許してはいけない

かつて霊言《れいげん》で習近平《しゅうきんぺい》氏守護霊《しゅごれい》が語ったことがそのまま展開

長谷川慶太郎　まあ、中国に関しましては、何か、日本のなかにある左翼《さよく》の幻想《げんそう》とは違《ちが》って、今の中国はナチス化しつつあるんで、やっぱり、それは許してはいけないと思う。

まあ、〝平和な中国〟なら、あってもいいとは思うけれども。日本が角栄《かくえい》さんの「日中国交回復」以来、やっぱり、中国の工業力を高めて、経営指導まで、みんなしちゃったから、あんなになっちゃって。

やっぱり、根本《こんぽん》のねえ、もとの「国家理念」とか、「信条」とか、「宗教」とか、「哲学《てつがく》」とか、こういうものが間違ってるところは、そんなにねえ、権力が発生する基盤《きばん》を与《あた》えてはならないと思いますね。

だから、ちょっと変更《へんこう》は必要でありましょうねえ。〝世界の問題児〟に、もう、まもなくなるよ。もう、なりかかってるけど。来年以降、もっとはっきりしてくる。で、君たちの言ってることが正しかったことは、だんだんに実証されていくだろう。

綾織　今、「習近平《しゅうきんぺい》氏の守護霊《しゅごれい》が霊言《れいげん》で語っていた内容が、そのまま、地上でも語られていた」ということが分かってきたというタイミングです。

長谷川慶太郎　ああ、そうか。うん。うん。

綾織　はい。ありがとうございます。

ウイグル問題――ナチス以来の人権弾圧《だんあつ》

長谷川慶太郎　で、ウイグル問題とかはねえ、アメリカにも悪いところはあるんだよ。イスラムテロ以降、イスラム教国への弾圧《だんあつ》は緩《ゆる》く見てたところがあってね。

知らないわけではなかったんだけど、「中国がイスラム教国を『テロ国家だ』と言ってさあ、弾圧して洗脳をかけてる」っていうのは。まあ、「中国が貿易の最大手で、将来的にも大事なパートナーになるんなら、イスラム教国を締《し》め上げてるのも、まあ、いいかなあ」と思ってたけど、今は方向転換《てんかん》を、はっきりしたわねえ。

これは、もう、「ナチス以来の人権弾圧だということは、はっきりできた」ということであれば、次は、やっぱり、パキスタンとか、あるいは、中東のイスラム教に対する政策も変わってこなければいけないと思いますねえ。

で、これを教えるのが幸福の科学だろうね。……が教えてやらなければ、今までのキリスト教のドグマから見て、変えられないのでね。

　だから、そういう意味で、ローマ法王に代わって世界に橋を架《か》けるのは、幸福の科学だな。私はそう思うな。

　だけど、キリスト教国、イスラム教国も、それぞれ、もうちょっと平和になりながらね……、好戦的じゃなくて、平和になりながら、やっぱり、豊かに友好的になることは大事だと思うし。

　それを日本がね、いいバランサーになって、そういうバランスを取りながら、また、日本的な考え方を広げていくことで、要するに、最低の低いところを引き上げてね、「権力とか悪いトリックを使って、大金儲《おおがねもう》けしたり、権力を持ったりするようなもの」を排除《はいじょ》してね。

　ある意味では、共産主義の〝いい部分〟だよね。〝いい部分〟は日本も持ってるからさ、入ってるから、それとの折衷様《せっちゅうよう》の部分を上手に出していけば、それが中道《ちゅうどう》なんじゃないかねえ。

綾織　はい。ありがとうございます。

13　明かされる数々の過去世《かこぜ》

黒田官兵衛《くろだかんべえ》以前の、日本での過去世

綾織　最後に、最初の霊界《れいかい》の話に少し戻《もど》るところもあるんですけれども、お伺《うかが》いしたいことがございます。

おそらく、守護霊《しゅごれい》さんでいらっしゃったであろう黒田官兵衛《くろだかんべえ》さんは来られて、何らかの導きをされたと思うんです。

長谷川慶太郎　もちろん。

綾織　そのほかに、「こういう人もそうだったんだ」というように気づかれた「魂《たましい》のごきょうだい」というのは、いらっしゃいますでしょうか。

長谷川慶太郎　うーん……、何か、やっぱり、預言者系統は、ちょっといたみたいな感じだな。

綾織　先ほど、「キッシンジャー博士」のお名前が出ました。

長谷川慶太郎　そうなんだよ。

綾織　ということは、ユダヤ系？

長谷川慶太郎　ああ、そう、そう、そう。そちらの預言者は、やっぱりいるし、日本の古いほうの、古代の〝預言者〟？

綾織　ほお……。

長谷川慶太郎　武内宿禰《たけのうちのすくね》系統の……。

綾織　はい、はい。

長谷川慶太郎　武内家。まあ、何代かいるけどさ。そのなかに一人、入ってるように思うね。

綾織　ああ、なるほど、なるほど。

長谷川慶太郎　で、ちょっと、先ほど宇宙人の話もしちゃったけど、やっぱり、武内家のなかに、何かちょっと、宇宙人と交流する人はいたみたいだねえ。そういうのは、「かぐや姫《ひめ》の物語」とか、「浦島太郎《うらしまたろう》の物語」とか、古代にも、いろいろあるけどさ。そういう情報ともつながっているようだね。

まあ、イスラエルの昔の預言者にも何かいたみたいだし、「日本の預言者」っていうか、「神託《しんたく》を受ける者」かなあ？　どうも、「そういう神示《しんじ》を伝えていく者にも生まれていたらしい」ってことは分かったし。

インドにも生まれていた

長谷川慶太郎　何か、インドにも生まれているみたいなんで。うーん……。インドに生まれてるらしいんだけど。

えっとねえ……（約五秒間の沈黙《ちんもく》）、うーん……、何か、ちょっとね、イスラム教がインドに入ってきて、仏教と戦いながらやってるような時代なんじゃないかと思うから、十三世紀前後あたりか、十二、三世紀ぐらいのころかなあ。

まあ、そのころのインドに一度生まれて……、まあ、戦争がけっこうあったように思うんで。ああ、多少は……、不思議なんだが、当時は何か、これは……、インドは占星術《せんせいじゅつ》もやるのかなあ? 何か、占星術もやる軍師みたいな感じでいるような感じがする。

これは、君たちが世界史で勉強するには少しマイナーすぎて分からないと思うけど、イスラム教と戦ってるときに、何か、そういう軍師みたいな感じで出ているように思うな。

中国の春秋《しゅんじゅう》戦国時代にも

綾織　このなかで、私たちが理解できるような名前を伺えるような方は、いらっしゃいますか。

長谷川慶太郎　うーん。あとは……、そうだね、まあ、見てのとおり口は立つが、そんなに「剣《けん》を取っては天下一」なんてことではないタイプではあるから。

綾織　はい。

長谷川慶太郎　ペンは取っても剣は取らないタイプだから。あとは……。ただねえ、メジャーなあれでは（約五秒間の沈黙）、中国の軍師、兵法家みたいなのでは、名前を、もしかしたら知ってる人がいるかもしれないねえ。

綾織　それは、どのあたり……、春秋《しゅんじゅう》戦国時代あたりなのか、三国志《さんごくし》、あるいは項《こう》羽《う》・劉邦《りゅうほう》のあたりか。

長谷川慶太郎　うーん。まあ、あんまりいい歴史ではないかも……。歴史的に、よくは遺《のこ》ってないかもしれない。

綾織　あっ、そうなんですか。

長谷川慶太郎　悪いほうで遺ってるかもしれないからね。名前があっても、いいかどうかがちょっと分からない。まあ、中国のマキャヴェリみたいな感じに、ちょっと近いかもしれないが。これは、もしかしたら知ってるんじゃないかなと思う。

綾織　ほう。韓非子《かんぴし》そのものではないですよね。

長谷川慶太郎　いや、そうじゃない。

綾織　全然違《ちが》うんですね。

長谷川慶太郎　じゃないんですが、思想的には似たようなもんで。「李斯《りし》」なんて人、たぶん、あんまり、〝いいニュース〟は出てこないと思うが。

綾織　そうですか（苦笑）。

長谷川慶太郎　そういう時代の人でいたかもしれないし。

綾織　春秋戦国ですかね。

長谷川慶太郎　そうですね。ほかの時代にも、いたことはいるけど、大将まで行ってないから。大将とか皇帝《こうてい》なんか、そんなんになってたら、もっと大金持ちになっとるがね。そこまでは行かない個人戦をやってるんだからさ。だから、用いられたら、この斬《き》れ味を示す程度の仕事しかできてないから。大きな戦《いくさ》がいっぱいあったようなときには、そういう立場でよく出てはいるけども。まあ、日本では、黒田官兵衛で、もういいだろう。ほかにもあるかもしらんけども、もう、そんなに私はエゴは出したくないので。ええ。ないとは言えないが。まあ、日本史オタクとかが出てきたら、お答えしてもいいけどもね。うん。

日本の近代のあの人としても転生《てんしょう》

長谷川慶太郎　近代については、うんうんうん、うーん、まあ、あんまり言わないほうがいいんじゃない？

綾織　あっ、近代もあるんですね？

長谷川慶太郎　ないとは言えないわねえ。

綾織　そうですか。

長谷川慶太郎　ないとは言えないけど、あんまり言わないほうがいいんじゃないのかな。

綾織　そうですか。

長谷川慶太郎　うーん。

綾織　日本なんですね?

長谷川慶太郎　だねえ。

綾織　ああ。ちょっと気になりますね（笑）。

長谷川慶太郎　気になりますか。

綾織　（笑）

長谷川慶太郎　でも、こんなかで日本史を選択《せんたく》した人……。

綾織　いちおう……。

長谷川慶太郎　おお！

綾織　はい（笑）。

長谷川慶太郎　さすがだね。さすがだねえ。

綾織　いやいやいや。

長谷川慶太郎　九州のあたりで……。

綾織　九州のあたりで？

長谷川慶太郎　策を弄《ろう》して何かをした人がいるかなあ。

綾織　それは明治以降ですか。

長谷川慶太郎　うん。明治に入ってるかもしれない。

綾織　明治に入ってから……。策を弄して……。

長谷川慶太郎　うん。

綾織　江藤新平《えとうしんぺい》……。

長谷川慶太郎　まあ、そこまで偉《えら》くないな（笑）。

綾織　そうなんですか。

長谷川慶太郎　そんな偉くないかもしれない。

綾織　明治以降ですよね？

長谷川慶太郎　いやあ、明治以前もいて……。

綾織　あっ、以前も。

長谷川慶太郎　明治以降もちょっといた。

綾織　ほお、ほお、ほお。

長谷川慶太郎　いやあ、西郷《さいごう》さんの戦いでねえ、一緒《いっしょ》に命を落とした。

綾織　あっ、一緒に。

長谷川慶太郎　うーん、落とした者だよ。うん。

綾織　策を……。

長谷川慶太郎　策っていうかなあ、わりに近くにいたね。

綾織　あっ、桐野《きりの》……。

長谷川慶太郎　桐野だね。

綾織　おおっ！

長谷川慶太郎　よく知ってるなあ。

綾織　そうですか。

長谷川慶太郎　ああ。さすがだな。うん。さすがだ。司馬遼太郎《しばりょうたろう》を読んでる人は違うな。

綾織　はい。

長谷川慶太郎　うーん、桐野……。

綾織　えっと、利秋《としあき》ですね。

長谷川慶太郎　そう。そのとおりだよ。よく知ってるなあ。君、もしかしたら一流大学を出てるんじゃないか？

綾織　（苦笑）いやいや。どちらかというと剣のほうですよね。

長谷川慶太郎　まあ、剣だけど、でも、策士でもあったんだよ。

綾織　ああ、なるほど。確かに、密偵《みってい》的な感じで動いていました。

長谷川慶太郎　うん。そうそうそう。桐野がいなきゃ、西郷、動けやしないさ。

綾織　西郷さんの指示で、いろんなところに……。

長谷川慶太郎　いや、西郷も、最後は、まあ、「死《し》に場《ば》」を求めとったからさあ、死に場をつくってやったのさ。うん。

綾織　ああ。そういうことですか。

長谷川慶太郎　死に場。でも、西郷が言ってたことは、まんざら間違ってはいないよ。

綾織　はい。はい。

長谷川慶太郎　維新《いしん》の志士が、みんなねえ、お金とか名誉《めいよ》なんかじゃなくて戦って、新政府をつくって、四民平等の世界をつくろうとした理想は正しかったよ。

綾織　はい。

歴史のイフ――「征韓論《せいかんろん》」が選択《せんたく》されていたら

長谷川慶太郎　でも、もう明治の十年もたたないうちに、堕落《だらく》、腐敗《ふはい》は始まってて、今の中国共産党のエリートたちの賄賂《わいろ》政治みたいなのはもう始まっていたし、同族、同郷の者のえこひいきも始まっていたしさ。能力に関係なく、えこひいき、コネによる出世がもうすでに始まっていた。

それから、西郷どんは「征韓論《せいかんろん》」を唱《とな》えた。韓国の人たちはきっと怒《おこ》るだろうけども、後《のち》のね、日韓併合《へいごう》とか日清《にっしん》戦争や日露《にちろ》戦争とかを考えると、戦略眼としては、不平武士が内乱で戦って大勢死ぬよりは、「どうせ戦うことになったんだったら征韓論で武士を出せ」っていうのも、一つのアイデアだったと思う。

これを、渡部昇一《わたなべしょういち》先生とかは、「外遊しなかった西郷は、ちょっと時代遅《おく》れになって取り残された」みたいな言い方をしてて、「ヨーロッパに行った人たちは、先が見えたから、『近代化が先だ』っていうことで西郷を退けた」って言うけど、そのあと戦争が起きてるのを見たら、そうでもなかったわな。

だから、あのへんは西郷の征韓論を容《い》れなかったけど、ある意味では、あれもありえた。可能性としてはあったかなあという気はする。韓国の信者の人は怒るだろうけども。

伊藤《いとう》が暗殺されることで人が一人死んで併合になったけど、西郷はあれを自分でやろうとしてたんだからね。

綾織　はい。そうですね。

長谷川慶太郎　「自分を朝鮮《ちょうせん》に送れ。そうしたら、絶対、暗殺されるだろう。だから、それを理由にして併合してしまえ」っていう、西郷の策を、結局、伊藤が演じただけのことだよなあ。

「不平武士たちが国内であんなに血を流すぐらいなら、やっぱり、アジアの地を平定するために、もうちょっと使ってもよかったんじゃないかなあ」っていう気はするがなあ。まあ、これは「歴史のイフ」だけどな。

綾織　はい。

長谷川慶太郎　「必ずしも成功するわけではない」ということでの軍師だから、私のアドバイスも必ず成功するわけじゃないけども、「そういう未来の選択肢《せんたくし》があるときに、一つの選択肢としてはありえる選択肢を私は言ってる」ということを言いたいだけだ。

綾織　なるほど。秘密を明かしていただきました。ありがとうございます。

14 日本政界の今後の見通し

長谷川慶太郎マーケットは五万人ぐらいある

長谷川慶太郎　死にたくはないか、君も。首を斬《き》って、パシッと。

綾織　あっ。

長谷川慶太郎　「ザ・リバティ」は外れすぎる。パサッ。ハッハッハッハッハッハッハ（笑）。

綾織　今後も、ぜひ、いろいろなかたちでご支援《しえん》を頂ければ、ありがたいと思います。

長谷川慶太郎　来年の新年号の構想が立って、うれしいだろうが。

綾織　ありがとうございます。

長谷川慶太郎　ええ？

綾織　ちょうど、まさに、そういう記事をつくっているところで（笑）。

長谷川慶太郎　出版のほうは、本にして出したいだろうけど、やっぱりねえ、「ザ・リバティ」が出すまで、ちょっと待てと……。

綾織　いえいえ、それは……。

長谷川慶太郎　ええ？

綾織　大丈夫《だいじょうぶ》です。はい。

長谷川慶太郎　出されてしまったら、もう記事が売れないじゃないか。

綾織　いえいえ。

長谷川慶太郎　なあ？　君、〝復権〟しなきゃいけないんじゃないか？

綾織　今、まさにニーズがあると思いますので。はい。

長谷川慶太郎　私のマーケットもねえ、五万人ぐらいはあるんだよ。うまく打ち出せばね、五万人マーケットはあるから。

綾織　そうですね。はい。

長谷川慶太郎　本と「ザ・リバティ」とね、上手に。

綾織　そうですね。

長谷川慶太郎　新年度予想って、欲《ほ》しいじゃないか。

綾織　はい。

長谷川慶太郎　霊界《れいかい》言いたい放題。ねえ？　ほんとに。
霊界《れいかい》では、未来予言者みたいな人たちが交流を求めてやって来る

綾織　すごく的確な、鋭《するど》いご指摘《してき》ばかりでした。

長谷川慶太郎　いや、これで、まだねえ、三カ月だからねえ。いやあ、三年もしたら、どれぐらい偉《えら》あなれるか、自分でも楽しみだわあ。

綾織　なるほど。

長谷川慶太郎　ええ。

綾織　それを楽しみにしたいと思います。

長谷川慶太郎　君たちにねえ、「秘伝」をもっともっと教えてやれるんじゃないかなあ。今は、世界のねえ、未来予言者みたいな人たちがさあ、私との交流を求めて、やって来てるんだよ、どんどん。

綾織　ああ、そうですか。

長谷川慶太郎　だから、まだまだ進行形なんだよ。

綾織　はい、はい。

長谷川慶太郎　だから、来年中には、もっともっと交流範囲《はんい》が増えるからさあ、楽しみにしてくれよ。

綾織　はい、ぜひ楽しみにしたいと思います。

長谷川慶太郎　「ザ・リバティ」の隠《かく》れ参謀《さんぼう》でもいいよなあ。

綾織　ありがとうございます。

長谷川慶太郎　ＨＳ政経塾《せいけいじゅく》も、足を痛めて、すっぽかしてしまったことがあって、すんません。みんな待ってた。悪かったなあ。

吉井　いえいえ。

長谷川慶太郎　いやあ、でも、年寄りだから迎《むか》えに来てくれやあ。

市川　（笑）

長谷川慶太郎　足を痛めて病院に行ったら、忘れてしもうとったんや、行くのを。それは悪かったわ。

だけど、何とかなあ、君んところ、政党にするところまでなあ。ちゃんとした公党にしてさあ、やっぱり立憲民主党より上行かないとなあ、まずはねえ。まずは行かないかんわなあ。

「安倍《あべ》政権の終わりは近い」

長谷川慶太郎　でも、安倍《あべ》さんねえ、もう終わりは近いよ。（机を軽く何度か叩《たた》く）あの、「桜を見る会」、けっこう、あれ、こたえるよ。

だってさあ、はっきり言やあさあ、あれ、大規模な買収でしょう？

綾織　まあ、そうですね。

長谷川慶太郎　公然とやり続けてきたんだ、大規模な買収。ねえ？　山口のさあ、後援会の人たちがさあ、ホテルニューオータニに泊《と》まってさあ、立食パーティーやってさあ、千人会場でなあ。そして五千円でしょう、会費。あとの補塡《ほてん》部分がさあ、出てないわけないじゃない。絶対出てるよなあ。

綾織　はい。

長谷川慶太郎　これ、検察を押《お》さえ込《こ》もうとして、今、戦い中だと思うけど。法務大臣か何か、辞《や》めさせられてるんじゃなかったっけね、すでに。

じゃなかったっけ？

綾織　あっ、そうですね。

長谷川慶太郎　うん。

綾織　選挙関係で……。

長谷川慶太郎　だから、これを裏取り……。でもなあ、ホテルが領収書を五千円書いたっていうの、これ、指揮命令系統から証拠《しょうこ》が出るでしょうねえ。役所の書類はシュレッダーにかけれるけど、ホテルは持ってると思いますよ。だって、税務検査が入ったときに、つじつまを合わさなきゃいけないから、全部捨てられるわけないじゃない。

だから、ホテルに強制捜査《そうさ》が入ったら「アウト」の可能性は極《きわ》めて高いな。

綾織　うーん、なるほど。

長谷川慶太郎　それから先の〝選挙戦場〟をどうつくるかは君たちの勝手だけどさあ。

いやあ、でも、君たちが選挙に勝てない理由も同じだからさあ。与党《よとう》だったらね、大規模な買収ができるわけよ。「桜を見る会」や「春の園遊会《えんゆうかい》」だって買収だよ、はっきり言やあさあ。公費を使って、いくらでもできるんだよ、買収が。だから、与党は強いんだよ。

建設会社だって、もう買収しまくりよ。自民党の大会をやったら、ゼネコンがいっぱい来て、もう、みんな買収よ。

与党は買収で勝つのよ。野党は、今度、それができなかった場合、与党を批判し続けることで、その反対票を集める。この二つで取り合ってるわけよ。
だから、君らは中途半端《ちゅうとはんぱ》で、買収もできなければ、自民党批判も徹底的《てってい》にはできないでいるわけよね。
実は、ほんとに、自民党の安倍派がスピンアウトして、さらに進んだのが幸福実現党だからね、ある意味ではねえ。だから、完全に批判はできないところがあるんだよなあ。〝黒田官兵衛《くろだかんべえ》〟と化して、金は儲《もう》からんけど策だけを授《さず》けてるような状《じょう》況《きょう》だわな、今な。だから、中途半端だ。

綾織　はい。そのあたりでは、また策を考えて、勝てる道筋《みちすじ》をつけていきたいと思います。

長谷川慶太郎　いやあ、まあ、あの世にいるうちにねえ、勝たしてやるよ、きっと。きっと勝たしてやるから。ああ。わしの言うことがさあ、もしピタピタ当たってくるようになりゃあさあ、君たちの政策は当たるようになるからさ、まだ三カ月ぐらいだから、ちょっと、的中率は分からんよ。まだ分からんけど、だんだん精度が上がることは間違《まちが》いない。うん。

綾織　はい。今後とも、ぜひ、ご指導霊《しどうれい》の一人として、お力を頂ければと思います。

長谷川慶太郎　ああ。呼んでくれてありがとう。三カ月かかったけど、年内にご挨拶《あいさつ》できて、うれしいよ。

この次来るときにはねえ、「一つ世界が上がってねえ」とか言いたいなあ。うん。

綾織　ぜひ楽しみにしたいと思います。

長谷川慶太郎　日本のキッシンジャーみたいに予言できるようになりたいねえ。うん。

綾織　はい。ありがとうございました。

長谷川慶太郎　はい。

15 霊言《れいげん》を終えて――〝実務予言〟霊言が、溢《あふ》れてくる感じ

大川隆法　（手を二回叩《たた》く）はい。たいへんご機嫌《きげん》でしたので、地獄《じごく》に行っていることはないでしょう。

おそらく、日本の発展のためには、まだ力を貸してくれる可能性はあるのではないでしょうか。やはり強みがあるようですからね。

軍事、経済、政治、外交、いろいろな面についてよくご存じなので、あの世でも、勉強するための情報を取る方法はあるのでしょう。たぶん、あると思うので、普通《ふつう》の霊言《れいげん》とは違《ちが》ったかたちの、〝実務予言〟霊言みたいなものが、いっぱい取れる可能性はありますね。

綾織　智慧《ちえ》が本当に溢《あふ》れてくる感じがしました。

大川隆法　溢れてくる感じでしたねえ。やはり、思想家や文学者ではないですからね。実践《じっせん》的な智慧がいっぱい溢れてくる感じですね。

将来を楽しみにしましょう。中国問題やイラン問題、北朝鮮《きたちょうせん》問題などが緊迫《きんぱく》化してきたら、また意見を伺《うかが》うこともあろうかと思います。

今日は、どうもありがとうございました。

質問者一同　ありがとうございました。

大川隆法　（手を二回叩く）はい。

あとがき

本書では、中国崩壊のプロセスや、マスコミではタブー視される「ローマ法王の訪日」「天皇即位礼」に対する厳しめの個人見解も示された。

日本にとっては、永遠の軍師・参謀かもしれない。私も、幸福の科学が、日本のキリスト教勢力より大きくなっているので、自由にモノを言える幅がせまくなりがちである。

この点、長谷川氏のおとろえぬ勇気は、見ならわねばなるまいと思っている。

その長い人生で「知は力なり」を実証された同氏に敬意を払いつつも、本書で示された、「デフレ下の経済繁栄」の可能性に、公案《こうあん》的重さを感じている。

二〇一九年　十一月三十日

幸福《こうふく》の科学《かがく》グループ創始者兼総裁《そうししゃけんそうさい》　大川隆法《おおかわりゅうほう》

『長谷川慶太郎の霊言』関連書籍

『いま求められる世界正義』（大川隆法 著　幸福の科学出版刊）
『長谷川慶太郎の守護霊メッセージ』（同右）
『米朝会談後に世界はどう動くか　キッシンジャー博士 守護霊インタビュー』（同右）
『軍師・黒田官兵衛の霊言』（同右）

長谷川慶太郎《はせがわけいたろう》の霊言《れいげん》

――霊界からの未来予言――

2019年12月12日　初版第1刷

著　者　　大《おお》川《かわ》隆《りゅう》法《ほう》

発行所　　幸福の科学出版株式会社

〒107-0052 東京都港区赤坂2丁目10番8号

TEL(03)5573-7700

https://www.irhpress.co.jp/

印刷・製本　株式会社 研文社

落丁・乱丁本はおとりかえいたします

ISBN978-4-8233-0140-7 C0030

帯 AFP＝時事／p.39 写真提供：共同通信社

装丁・イラスト・写真（上記・パブリックドメインを除く）©幸福の科学

大川隆法 霊言シリーズ・保守の言論人に訊く

長谷川慶太郎の守護霊メッセージ
緊迫する北朝鮮情勢を読む

軍事評論家・長谷川氏の守護霊が、無謀な挑発を繰り返す金正恩の胸の内を探ると同時に、アメリカ・中国・韓国・日本の動きを予測する。

1,300円

渡部昇一 日本への申し送り事項
死後21時間、復活のメッセージ

「知的生活」の伝道師として、また「日本の誇りを取り戻せ」運動の旗手として活躍してきた「保守言論界の巨人」が、日本人に託した遺言。

1,400円

外交評論家・岡崎久彦 ―後世に贈る言葉―

帰天3週間後、天上界からのメッセージ。中国崩壊のシナリオ、日米関係と日露外交など、日本の自由を守るために伝えておきたい「外交の指針」を語る。

1,400円

竹村健一の霊言 大逆転の時代 次の30年を語る

死後4日、人気評論家の竹村健一氏が世相を斬る! 中国バブルの崩壊や中東問題、トランプの本質、メディアの未来などを解説し、常識の大逆転を大胆予測。

1,400円

※表示価格は本体価格(税別)です。

大川隆法ベストセラーズ・国際情勢を読む

愛は憎しみを超えて

中国を民主化させる日本と台湾の使命

中国に台湾の民主主義を広げよ──。この「中台問題」の正論が、第三次世界大戦の勃発をくい止める。台湾と名古屋での講演を収録した著者渾身の一冊。

1,500円

自由のために、戦うべきは今

習近平 vs. アグネス・チョウ
守護霊霊言

今、民主化デモを超えた「香港革命」が起きている。アグネス・チョウ氏と習近平氏の守護霊霊言から、「神の正義」を読む。天草四郎の霊言等も同時収録。

1,400円

イランの反論
ロウハニ大統領・ハメネイ師守護霊、ホメイニ師の霊言

なぜアメリカは、イランをテロ支援国家に仕立てるのか。イランの国家指導者たちの霊言、守護霊霊言を通して、混迷する中東情勢の真相と黒幕に迫る。

1,400円

「日露平和条約」を決断せよ

メドベージェフ首相 & プーチン大統領
守護霊メッセージ

「北朝鮮・中国の核兵器を無力化できる」。ロシアの2トップが、失敗続きの安倍外交に最終提案。終結していない戦後の日露、今がラストチャンス!

1,400円

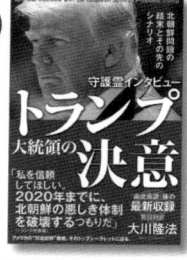

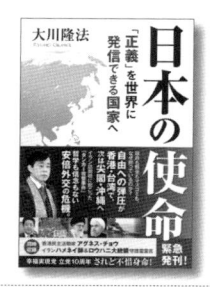

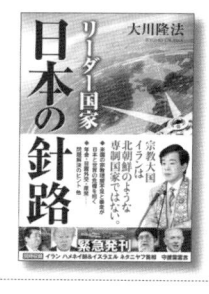

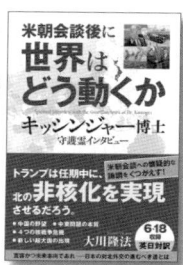

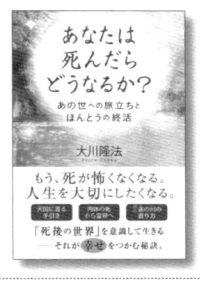

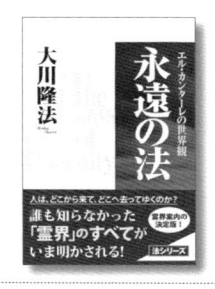

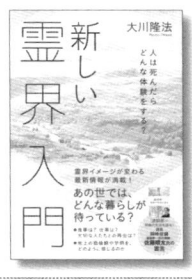

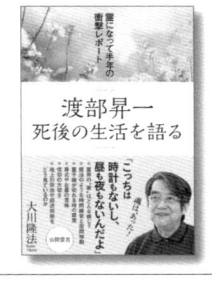

大川隆法シリーズ・最新刊

富の創造法

激動時代を勝ち抜く
経営の王道

豪華装丁
函入り

低成長期が30年近く続き、増税による消費不況が予想される今、企業は「正攻法」に立ち返るべきだ。日本を再度、勝ち組に戻すために編まれた経営書。

10,000円

いま求められる世界正義

The Reason We Are Here
私たちがここにいる理由

英語説法
英日対訳

カナダ・トロントで2019年10月6日（現地時間）に行われた英語講演を収録。香港デモや中国民主化、地球温暖化、LGBT等、日本と世界の進むべき方向を示す。

1,500円

生霊論

運命向上の智慧と秘術

人生に、直接的・間接的に影響を与える生霊――。「さまざまな生霊現象」「影響を受けない対策」「自分がならないための心構え」が分かる必読の一書。

1,600円

道なき道を歩め

未来へ貢献する心

未来文明の源流となる学校・HSU。英語や人間関係力、経営成功法などを学び、世界に羽ばたく人材へ――。2018年度卒業式の法話も収録。【HSU出版会刊】

1,500円

※表示価格は本体価格（税別）です。

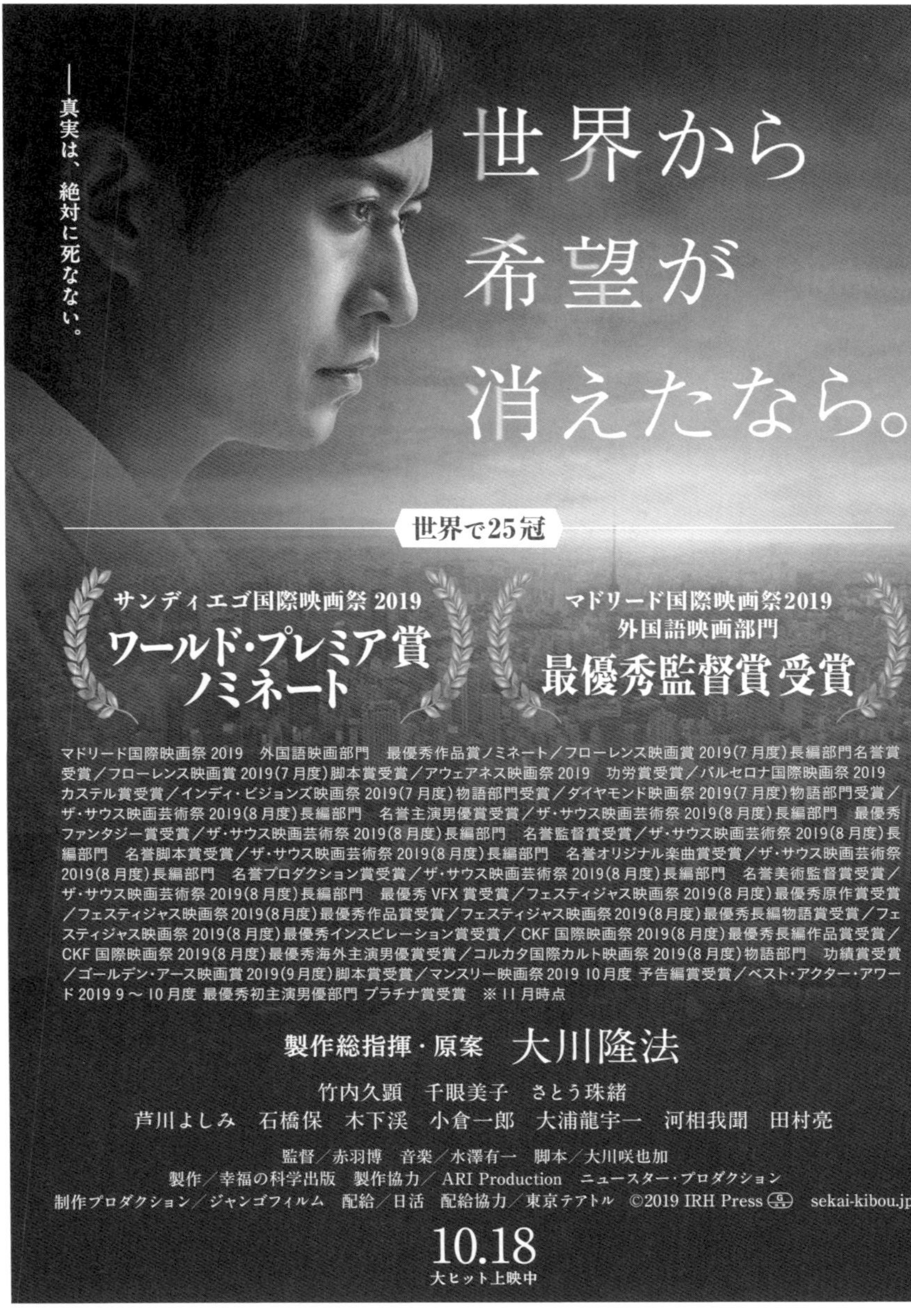

――真実は、絶対に死なない。
世界から希望が消えたなら。
世界で25冠
サンディエゴ国際映画祭 2019
ワールド・プレミア賞ノミネート
マドリード国際映画祭2019
外国語映画部門
最優秀監督賞受賞
マドリード国際映画祭 2019　外国語映画部門　最優秀作品賞ノミネート／フローレンス映画賞 2019(7月度)長編部門名誉賞受賞／フローレンス映画賞 2019(7月度)脚本賞受賞／アウェアネス映画祭 2019　功労賞受賞／バルセロナ国際映画祭 2019 カステル賞受賞／インディ・ビジョンズ映画祭 2019(7月度)物語部門受賞／ダイヤモンド映画祭 2019(7月度)物語部門受賞／ザ・サウス映画芸術祭 2019(8月度)長編部門　名誉主演男優賞受賞／ザ・サウス映画芸術祭 2019(8月度)長編部門　最優秀ファンタジー賞受賞／ザ・サウス映画芸術祭 2019(8月度)長編部門　名誉監督賞受賞／ザ・サウス映画芸術祭 2019(8月度)長編部門　名誉脚本賞受賞／ザ・サウス映画芸術祭 2019(8月度)長編部門　名誉オリジナル楽曲賞受賞／ザ・サウス映画芸術祭 2019(8月度)長編部門　名誉プロダクション賞受賞／ザ・サウス映画芸術祭 2019(8月度)長編部門　名誉美術監督賞受賞／ザ・サウス映画芸術祭 2019(8月度)長編部門　最優秀 VFX 賞受賞／フェスティジャス映画祭 2019(8月度)最優秀原作賞受賞／フェスティジャス映画祭 2019(8月度)最優秀作品賞受賞／フェスティジャス映画祭 2019(8月度)最優秀長編物語賞受賞／フェスティジャス映画祭 2019(8月度)最優秀インスピレーション賞受賞／ CKF 国際映画祭 2019(8月度)最優秀長編作品賞受賞／CKF 国際映画祭 2019(8月度)最優秀海外主演男優賞受賞／コルカタ国際カルト映画祭 2019(8月度)物語部門　功績賞受賞／ゴールデン・アース映画賞 2019(9月度)脚本賞受賞／マンスリー映画祭 2019 10月度 予告編賞受賞／ベスト・アクター・アワード 2019 9～10月度 最優秀初主演男優部門 プラチナ賞受賞　※11月時点
製作総指揮・原案　大川隆法
竹内久顕　千眼美子　さとう珠緒
芦川よしみ　石橋保　木下渓　小倉一郎　大浦龍宇一　河相我聞　田村亮
監督／赤羽博　音楽／水澤有一　脚本／大川咲也加
製作／幸福の科学出版　製作協力／ARI Production　ニュースター・プロダクション
制作プロダクション／ジャンゴフィルム　配給／日活　配給協力／東京テアトル　©2019 IRH Press　sekai-kibou.jp
10.18
大ヒット上映中

幸福の科学グループのご案内

宗教、教育、政治、出版などの活動を通じて、地球的ユートピアの実現を目指しています。

幸福の科学

一九八六年に立宗。信仰の対象は、地球系霊団の最高大霊、主エル・カンターレ。世界百カ国以上の国々に信者を持ち、全人類救済という尊い使命のもと、信者は、「愛」と「悟り」と「ユートピア建設」の教えの実践、伝道に励んでいます。

（二〇一九年十二月現在）

愛

幸福の科学の「愛」とは、与える愛です。これは、仏教の慈悲《じひ》や布施《ふせ》の精神と同じことです。信者は、仏法真理をお伝えすることを通して、多くの方に幸福な人生を送っていただくための活動に励んでいます。

悟り

「悟り」とは、自らが仏の子であることを知るということです。教学《きょうがく》や精神統一によって心を磨き、智慧《ちえ》を得て悩みを解決すると共に、天使・菩薩《ぼさつ》の境地を目指し、より多くの人を救える力を身につけていきます。

ユートピア建設

私たち人間は、地上に理想世界を建設するという尊い使命を持って生まれてきています。社会の悪を押しとどめ、善を推し進めるために、信者はさまざまな活動に積極的に参加しています。

国内外の世界で貧困や災害、心の病で苦しんでいる人々に対しては、現地メンバーや支援団体と連携して、物心両面にわたり、あらゆる手段で手を差し伸べています。

年間約２万人の自殺者を減らすため、全国各地で街頭キャンペーンを展開しています。

公式サイト **www.withyou-hs.net**

ヘレン・ケラーを理想として活動する、ハンディキャップを持つ方とボランティアの会です。視聴覚障害者、肢体不自由な方々に仏法真理を学んでいただくための、さまざまなサポートをしています。

公式サイト **www.helen-hs.net**

入会のご案内

幸福の科学では、大川隆法総裁が説く仏法真理《ぶっぽうしんり》をもとに、「どうすれば幸福になれるのか、また、他の人を幸福にできるのか」を学び、実践しています。

入会

仏法真理を学んでみたい方へ

大川隆法総裁の教えを信じ、学ぼうとする方なら、どなたでも入会できます。入会された方には、『入会版「正心法語《しょうしんほうご》」』が授与されます。

ネット入会　入会ご希望の方はネットからも入会できます。
happy-science.jp/joinus

三帰《さんき》誓願《せいがん》

信仰をさらに深めたい方へ

仏弟子としてさらに信仰を深めたい方は、仏《ぶっ》・法《ぽう》・僧《そう》の三宝《さんぽう》への帰依を誓う「三帰誓願式」を受けることができます。三帰誓願者には、『仏説・正心法語』『祈願文《きがんもん》①』『祈願文②』『エル・カンターレへの祈り』が授与されます。

幸福の科学 サービスセンター
TEL 03-5793-1727
（受付時間／火～金：10～20時　土・日祝：10～18時（月曜を除く））

幸福の科学 公式サイト
happy-science.jp

仏法真理塾「サクセスNo.1」

全国に本校・拠点・支部校を展開する、幸福の科学による信仰教育の機関です。小学生・中学生・高校生を対象に、信仰教育・徳育にウエイトを置きつつ、将来、社会人として活躍するための学力養成にも力を注いでいます。

TEL 03-5750-0751（東京本校）

エンゼルプランV　TEL 03-5750-0757

幼少時からの心の教育を大切にして、信仰をベースにした幼児教育を行っています。

不登校児支援スクール「ネバー・マインド」　TEL 03-5750-1741

心の面からのアプローチを重視して、不登校の子供たちを支援しています。

ユー・アー・エンゼル！（あなたは天使！）運動

一般社団法人 ユー・アー・エンゼル　TEL 03-6426-7797

障害児の不安や悩みに取り組み、ご両親を励まし、勇気づける、
障害児支援のボランティア運動を展開しています。

NPO活動支援

学校からのいじめ追放を目指し、さまざまな社会提言をしています。また、各地でのシンポジウムや学校への啓発ポスター掲示等に取り組む一般財団法人「いじめから子供を守ろうネットワーク」を支援しています。

公式サイト mamoro.org　ブログ blog.mamoro.org

相談窓口 TEL.03-5544-8989

百歳まで生きる会

「百歳まで生きる会」は、生涯現役人生を掲げ、友達づくり、生きがいづくりをめざしている幸福の科学のシニア信者の集まりです。

シニア・プラン21

生涯反省で人生を再生・新生し、希望に満ちた生涯現役人生を生きる仏法真理道場です。定期的に開催される研修には、年齢を問わず、多くの方が参加しています。

全世界213カ所（国内198カ所、海外15カ所）で開校中。

【東京校】TEL 03-6384-0778　FAX 03-6384-0779

メール senior-plan@kofuku-no-kagaku.or.jp

幸福実現党

内憂外患《ないゆうがいかん》の国難に立ち向かうべく、2009年5月に幸福実現党を立党しました。創立者である大川隆法党総裁の精神的指導のもと、宗教だけでは解決できない問題に取り組み、幸福を具体化するための力になっています。

幸福実現党 釈量子サイト **shaku-ryoko.net**
Twitter **釈量子@shakuryokoで検索**

党の機関紙
「幸福実現NEWS」

幸福実現党 党員募集中

あなたも幸福を実現する政治に参画しませんか。

- ○ 幸福実現党の理念と綱領、政策に賛同する18歳以上の方なら、どなたでも参加いただけます。
- ○ 党費:正党員(年額5千円[学生 年額2千円])、特別党員(年額10万円以上)、家族党員(年額2千円)
- ○ 党員資格は党費を入金された日から1年間です。
- ○ 正党員、特別党員の皆様には機関紙「幸福実現NEWS(党員版)」(不定期発行)が送付されます。

＊申込書は、下記、幸福実現党公式サイトでダウンロードできます。
住所:〒107-0052 東京都港区赤坂2-10-8 6階 幸福実現党本部
TEL **03-6441-0754** FAX **03-6441-0764**
公式サイト **hr-party.jp**

出版 メディア 芸能文化　幸福の科学グループ

幸福の科学出版

大川隆法総裁の仏法真理の書を中心に、ビジネス、自己啓発、小説など、さまざまなジャンルの書籍・雑誌を出版しています。他にも、映画事業、文学・学術発展のための振興事業、テレビ・ラジオ番組の提供など、幸福の科学文化を広げる事業を行っています。

アー・ユー・ハッピー？
are-you-happy.com

ザ・リバティ
the-liberty.com

幸福の科学出版
TEL **03-5573-7700**
公式サイト **irhpress.co.jp**

THE FACT
ザ・ファクト
マスコミが報道しない
「事実」を世界に伝える
ネット・オピニオン番組

ザ・ファクト　検索

NEW STAR PRODUCTION

ニュースター・プロダクション

「新時代の美」を創造する芸能プロダクションです。多くの方々に良き感化を与えられるような魅力あふれるタレントを世に送り出すべく、日々、活動しています。 公式サイト **newstarpro.co.jp**

ARI《アリ》 Production《プロダクション》

タレント一人ひとりの個性や魅力を引き出し、「新時代を創造するエンターテインメント」をコンセプトに、世の中に精神的価値のある作品を提供していく芸能プロダクションです。 公式サイト **aripro.co.jp**

大川隆法　講演会のご案内

大川隆法総裁の講演会が全国各地で開催されています。講演のなかでは、毎回、「世界教師」としての立場から、幸福な人生を生きるための心の教えをはじめ、世界各地で起きている宗教対立、紛争、国際政治や経済といった時事問題に対する指針など、日本と世界がさらなる繁栄の未来を実現するための道筋が示されています。

2019年5月14日 幕張メッセ「自由・民主・信仰の世界」

2019年10月6日 ザ ウェスティン ハーバーキャッスル トロント(カナダ)「The Reason We Are Here」

2019年7月5日 福岡国際センター「人生に自信を持て」

2019年3月3日 グランド ハイアット 台北(台湾)「愛は憎しみを超えて」

2019年7月13日 ホテル イースト21 東京「幸福への論点」

講演会には、どなたでもご参加いただけます。
最新の講演会の開催情報はこちらへ。⟹

大川隆法総裁公式サイト
https://ryuho-okawa.org